Königs Erläuterungen und Materialien
Band 10

Erläuterungen zu

Gotthold Ephraim Lessing

Nathan der Weise

von Hans Ulrich Lindken

C. Bange Verlag – Hollfeld

Herausgegeben von Klaus Bahners, Gerd Eversberg
und Reiner Poppe

7. Auflage 1990
ISBN 3-8044-0225-9

Druck: Beyer-Druck, Langgasse 23, Hollfeld

A.S.A.

INHALT

EINLEITUNG

Nach dem Untergang des 3. Reiches und dem, was der breiten Öffentlichkeit (neuerdings wieder) unter dem Stichwort ‚Holocaust' zum Bewußtsein gebracht wurde, wandte sich das Interesse unter anderm in verstärktem Maße der im 3. Reich verfemten Literatur und Kunst zu. Neben vielen anderen Autoren tauchten Heine, Hofmannsthal, Schnitzler und Kafka sozusagen aus dem Dunkel wieder oder auch zum erstenmal in Deutschland auf. Mit an erster Stelle rangierte Lessings ‚Nathan'. In kaum einer Oberstufe deutscher Gymnasien wurde Lessings ‚dramatisches Gedicht' ausgelassen, zumal die Richtlinien der Bundesländer die Lektüre bindend vorschrieben. Das hat sich freilich grundlegend geändert. In den ‚Empfehlungen für den Kursunterricht im Fach Deutsch (Gymnasiale Oberstufe Deutsch). Hrsg. vom Kultusminister des Landes Nordrhein-Westfalen. Düsseldorf o. J. (1972/73) (= Heft 2 II, Curriculum. Gymnasiale Oberstufe. Deutsch. 2. Ausgabe) ist ein Hinweis auf das Stück nicht mehr zu finden.
Auf den Bühnen der Nachkriegszeit feierte der Schauspieler Ernst Deutsch in der Rolle des ‚Nathan' von Hamburg bis Wien Triumphe. Die spontane Abwendung breiter Schichten der Öffentlichkeit von der Nazi-Ideologie hatte eine übertriebene Zuwendung zu philosophischen Tendenzen zur Folge. So wurde, sehr einseitig, in Lessings Stück die Religions- und Rassenproblematik zu einer ‚semitischen' Problematik verkleinert. Gegen diese Sicht hatte sich um 1893 bereits Franz Mehring gewandt. In der ‚Lessing-Legende', einer sozialistisch getönten Abrechnung mit deutschnationalen Lessing-Deutungen, schrieb er: „Nichts törichter daher, als im ‚Nathan' eine Verunglimpfung des Christentums oder gar eine Verherrlichung des Judentums zu suchen. Es ist ein schnöder Verrat an Lessing, wenn der philosemitische Kapitalismus sich unter dem Banner des ‚Nathan' zu scharen versucht. Lessing nahm den Juden einfach aus der Novelle des Boccaccio, die ihm die Parabel von den drei Ringen lieferte. Er hat, wie jede soziale Unterdrückung, so die soziale Unterdrückung der Juden bekämpft ... Aber mit dem po-

litischen Takte eines Kämpfers wußte er, daß man die Unterdrückten nicht striegeln darf, so lange man die Unterdrücker bekämpfen muß ... es (ist) Lessings bleibender Ruhm, daß sich weder die Antisemiten, noch die Philosemiten mit irgendwelchem Recht auf ihn berufen dürfen."

Aber auch die theologische und idealistische Deutungsmanier, die sich vorzüglich auf Attribute wie ‚Toleranz' und ‚Humanität' einzustellen genötigt sah, zielt einseitig an den Problemen Lessings vorbei.

Es ist das Verdienst, der soziologisch (wie auch der marxistisch) orientierten Forschung, den Blick auf das Umfeld des Autors wie der späteren Wirkung seiner Werke gerichtet und hier eine Menge von Materialien vorgelegt zu haben, die andere Deutungsansätze nahelegen. So ist auch der ‚Nathan' stärker aus den unmittelbaren Auseinandersetzungen seines Autors mit seinem sozialen Umfeld und aus einem neuerwachten Klassenbewußtsein zu verstehen. Diese Perspektiven werden vor allem in den Arbeiten von Paul Rilla und Gerhard Bauer veröffentlicht. Um dem Benutzer dieses Bändchens einen Eindruck von der Neubewertung des Lessingstückes zu vermitteln, ist der Beitrag von Gerhard Bauer verhältnismäßig umfassend aufgenommen worden; ohne daß der Herausgeber des Bandes sich rückhaltlos mit den Perspektiven und Ansichten Bauers identifizieren möchte. Eine gute, aus ähnlicher Sicht ausgewählte Dokumentation zu Lessings ‚Nathan' legt Helmut Göbel vor.

I. Wort- und Sacherklärungen

Introite, nam et heic Dii sunt: Tretet ein, denn auch hier sind Götter.
Apud Gellium: bei Gellius. Aulus Gellius, röm. Schriftsteller im 2. Jh. nach Chr. Schrieb die ‚Noctes Atticae' (= Attische Nächte). Der Ausspruch stammt wahrscheinlich von dem griech. Philosophen Heraklit.
Saladin: arab.: Salah Ad Din. geb. 1138 in Tikrit/Mesopotamien, gest. 1193 in Damaskus, dort auch begraben. Sultan von Ägypten und Syrien. Stammt aus kurdischer Familie. 1169 Wesir von Ägypten; beseitigte 1171 die Fatimiden-Dynastie und begründete die Dynastie der Aijubiden. 1174 gewann er auch Syrien, 1183 Aleppo, 1186 Mosul. 1187 eroberte er Jerusalem im Kampf gegen die Kreuzritter; dieses löste den 3. Kreuzzug aus.
Tempelherr: Tempelherren oder Templer (genannt nach ihrem nahe der Stelle des salomonischen Tempels gelegenen Ordenshaus in Jerusalem) sind hervorgegangen aus einem um 1118 geschlossenen Bund von acht französischen Rittern. Zu den drei Mönchsgelübden: Armut, Keuschheit, Gehorsam wird die Verpflichtung zum Kampf gegen die Ungläubigen (Nichtchristen) hinzugefügt. Tracht: Weißer Mantel mit rotem Kreuz. Der Orden wurde 1291 nach Cypern verlegt, 1312 auf dem Konzil von Vienne aufgehoben. Ursprünglich hatten die geistlichen Ritterorden auch die Pflege der Kranken und Verwundeten übernommen.
Derwisch: pers.: ‚Bettler'. Moham. Bettelmönche, die in Klöstern oder Einsiedeleien lebten.
Patriarch von Jerusalem: Vorbild des Patriarchen: Patriarch Heraklius. In der Geschichtsschreibung rangiert Heraklius als skandalöse Figur.
Emir: arab.: Befehlshaber
Mamelucken: Mamluken (arab.-ital.) in Ägypten als Söldner verwandt. Kaufsklaven aus dem Schwarzmeergebiet, die sich 1257 zu Herren des Landes machten. Sie regierten Ägypten und Syrien bis zur türkischen Eroberung (1517).

I,1

Es sei ... keines irdischen: Es sei ihr Tempelherr kein irdischer Tempelherr und keines irdischen Herkommens

Muselmann: arab.: muslim; pers. muslimân; Moslem

launigen: launisch, mißgestimmt

I,2

Subtilität: lat.: Feinheit; hier: Spitzfindigkeit

Das schließt für mich: Das ist mir des Beweises genug

Augenbraunen: Augenbrauen

Ein Franke: die europäischen Kreuzfahrer wurden gemäß des Ursprungslandes der Kreuzzüge (1. Kreuzzug 1096—1099) Frankreich Franken genannt

Hinein mit Euch: Unverschleierte Frauen dürfen sich nicht vor fremden Moslemiten zeigen

I,3

Kellner: Kellermeister

Äser: Plural von Aas, selten angewandt

Defterdar: pers.: Verwalter des Schatzes

Ganges: heiliger Strom der Hindus

Gimpel: Finkenart, als Schimpfwort für einen eingebildeten Dümmling

I,5

frommte mir's: wäre es mir von Nutzen

Tebnin: Festung bei Ptolemais

Stillstand: Waffenstillstand von 1192

Sidon: Stadt am Mittelmeer, im heutigen Libanon ‚Saida'

Selbzwanzigster: ich selbst mit 19 anderen (als zwanzigster)

König Philipp: Philipp II. (1165—1223), König von Frankreich, begab sich mit Richard Löwenherz auf den 3. Kreuzzug

ausgegattert: ausfindig gemacht

Saladins ... Vater: war zu diesem Zeitpunkt bereits 20 Jahre tot. Aijub war während des Wesirates seines Sohnes Finanzverwalter in Ägypten

Maroniten: eine auf den Namen des Hlg. Maro (gest. 422) sich stützende christliche Sekte in Syrien

Ptolemais: Akka, syrische Stadt am Mittelmeer, lange von den Kreuzfahrern beherrscht
leugst du: lügst du
I,6
In Kaiser Friedrichs Heere: Kaiser Friedrich I. (Barbarossa) (1121—1190) führte den 3. Kreuzzug an. Er ertrank im Flusse Saleph in Armenien
II,1
die Gabel: beim Schachspiel, eine Figur bedroht zwei gegnerische und kann i. a. eine schlagen
Dinar: arab. Goldmünze
Naserinchen: Naseri, kleine Silbermünze
matt!: mat schâh = der König ist tot. Das Spiel ist zu ende
die glatten Steine: Verbot von Abbildungen im Islam, daher nur Steine mit Wertbezeichnung
Imam: Vorsteher einer Moschee, auch Haupt der moslemischen Religion in einem größeren Bezirk
Stillestand: Anspielung auf den Waffenstillstand 1192 zwischen Saladin und den Kreuzfahrern
Richards Bruder: Prinz Johann, später König Johann I. von England (1166—1216). Historisch nicht nachweisbar
deinen Richard: Richard I. (Löwenherz) (1157—1199), König von England
Was irrte dich: Was machte dich zornig? was irritierte dich?
II,2
einziehn: seinen Aufwand vermindern
abdingen: aushandeln, abhandeln
Unterschleif: Veruntreuung
übern Fuß ... gespannt: in gespannten Verhältnissen leben
Mohren: Mauretanier, Neger
II,3
Salomons und Davids Gräber: hier sollten große Schätze verborgen sein
II,5
Verzieht: wartet
ich find ... Euch aus: ich durchschaue Euch

Menschenmäkelei: Kritik an den Menschen üben
das auserwählte Volk: das Volk Israel sieht sich aufgrund der alttestamentarischen Verkündigung (Bund zwischen Jehova und dem Volk Israel) als von Gott auserwählt an
Mich nicht entbrechen: mich nicht enthalten
das Gemeine: das Übliche
II,9
Nackter: Leichtgekleideter
bekam der Roche Feld: bekam der Turm Bewegungsfreiheit (im Schachspiel)
Ghebern: pers.: Anhänger der persischen Zoroasterreligion
Delk: rauher Kittel eines Derwischs
III,1
schlägt er mir nicht zu: vertrage ich ihn nicht gut
III,2
ungefähr: zufällig
zugelernte: abgerichtete
III,4
abzubangen: jemanden etwas durch Einschüchterung ablisten
III,6
Brett: Zahlbrett
III,7
Bezeihen: bezichtigen
freierdings: aus freien Stücken
Post: ital.: Schuldsumme
III,8
auszubeugen: auszuweichen
in dem gelobten Lande: in Israel (vgl. 2. Mose 3, 8 ff.)
III,9
der Mann Steht seinen Ruhm: der Mann wird seinem Ruhm gerecht
Schlag: Art
III,10
Vorsicht: Vorsehung
IV,2
auf das Theater: anachronistische (zeitlich unzutreffende) Anspielung (vgl. Lessings Brief an Elise Reimarus vom 6.IX.1778)

Diözes': Kirchenprovinz
fördersamst: schleunigst
Apostasie: Abfall vom Glauben
Kapitulation: Vertrag
Sermon: Predigt
Problema: Streitfrage, erdachter Rechtsfall
Bonafides: lat.: guter Glaube
IV,3
das Armut: die armen Leute
IV,4
Ginnistan: Feenland
Div: bei Lessing: Fee
Jamerlonk: (eigentl.: Jaghmûrlik), Regenmantel der Türken
Tulban: Turban
körnt: lockt (wie einen Vogel durch Körner)
ohne Schweinefleisch: der Genuß von Schweinefleisch ist in der islamischen wie jüdischen Religion verboten
IV,7
annoch: noch
Quarantana: (von quarante) = 40. Gemeint ist die Wüste zwischen Jerusalem und Jericho, in der Jesus 40 Tage gefastet haben soll
Tabor: Berg Tabor bei Nazareth, Christus soll dort verklärt worden sein
Gazza: Stadt westl. des toten Meeres (Ghaza)
Darun: Feste in sicherer Höhenlage südl. von Gazza
Askalon: Hafenstadt am Mittelmeer, während der Kreuzzüge oft umkämpft und zerstört
Gath: Stadt am Mittelmeer, nordwestl. von Jerusalem
Brevier: Gebetbuch
V,1
Kahira: Kairo
Abtritt: Hinscheiden, Tod
V,2
Abulkassem: Personenname
Thebais: die Stadt Thebai (Said) und Umgebung, gemeint ist Oberägypten

V,5
Stöber: Spürhund, der das Wild aufstöbert
mich wurmisch machte: mich wurmte, mich ärgerte
Gauch: dummer und eitler Mensch
V,6
in die Richte gehn: den nächsten Weg einschlagen

II. Gang der Handlung

1. Akt

1. Szene

Nathan, ein reicher Jude, kehrt von einer Geschäftsreise nach Jerusalem zurück. Aus Dajas Bericht erfahren wir, daß Recha, die Ziehtochter Nathans, durch einen Tempelherrn vom Feuertode gerettet worden ist. Recha meint, von einem Engel gerettet worden zu sein, da der Tempelherr ein weißes Gewand trug.

2. Szene

Recha erzählt ihrem Vater von ihrer wunderbaren Rettung. Wir erfahren, daß der Tempelherr aufgrund seiner Ähnlichkeit mit dem verstorbenen Bruder des Sultans Saladin von der Todesstrafe begnadigt worden ist. Zugleich erfahren wir von der Zuneigung Rechas zu ihrem Retter.

3. Szene

Nathan erfährt zu seiner Verwunderung, daß Al Hafi, sein Freund, der Schatzmeister des Sultans geworden ist. Al Hafi freilich ist gekommen, Nathan um Geld für des Sultans ständig leere Staatskasse zu bitten. Saladins Kasse ist aufgrund der übergroßen Freigebigkeit Saladins trotz bedeutender Kontributionen, die ihr zufließen, ständig leer.

4. Szene

Nathan gibt Daja, der Gesellschafterin seiner Tochter Recha, den Auftrag, den sich dem Haus nähernden Tempelherrn, in seinem Namen einzuladen, ihn zumindest aber nicht aus den Augen zu verlieren.

5. Szene

Ein Klosterbruder unterhandelt im Auftrage des Patriarchen von Jerusalem mit dem Tempelherrn; dieser solle einen Brief an König Philipp August übermitteln und darin die schwachbewachten Stellen der Stadtmauern Jerusalems bezeichnen, zudem solle der Tempelherr einen Anschlag auf Sultan Saladin verüben. Der Tempelherr weist beide Ansinnen zurück.

6. Szene

Daja richtet dem Tempelherrn Nathans Einladung aus, die jener abschlägt.

2. Akt

1. Szene

Saladin spielt mit seiner Schwester Sittah eine Partie Schach, da er unkonzentriert spielt, gibt er die Partie verloren. Die Gründe seiner Zerstreutheit liegen in Sorgen um einen drohenden Krieg, wie im Scheitern der Verhandlungen wegen ihrer Vermählung mit dem Bruder Richard Löwenherzens von England und derjenigen seines Bruders Melek mit der Schwester Richards. Vom Schatzmeister Al Hafi, der auftritt, erwartet er sich neue Gelder.

2. Szene

Jedoch der von Ägypten erwartete Tribut ist nicht eingetroffen und die Staatskasse ist weiterhin leer. Im Gespräch mit Al Hafi erfährt Saladin, daß Sittah seit geraumer Zeit bereits die Kosten für die Hofhaltung Saladins aus ihren Mitteln bestreitet. Sittah schlägt eine Anleihe bei Hafis Freund Nathan vor. Al Hafi, der weiß, daß Nathan nicht geneigt ist, dem Sultan Geld zu borgen, rät ab.

3. Szene

Saladin läßt sich Einzelheiten über die Person des Nathan berichten.

4. Szene

Recha verrät aufgrund ihrer Ungeduld, den Tempelherrn sprechen oder sehen zu können, ihre Neigung zu diesem. Als Nathan erfährt, daß dieser sich seinem Haus nähere, bittet er Recha und Daja, in das Haus zu gehen.

5. Szene

Im Verlaufe einer Unterredung gelingt es Nathan, den Tempelherrn für sich zu gewinnen und bietet ihm seine Freundschaft an, die jener gern annimmt. Vom Tempelherrn erfährt man, daß auch Recha auf ihn einen tiefen Eindruck gemacht hat.

6. Szene

Nathan erfährt von Daja, daß der Sultan ihn zu sich bitten lasse.

7. Szene

In einem Gespräch zwischen Nathan und dem Tempelherrn wird deutlich, daß beide dem Sultan für die Errettung des Tempelherrn danken möchten. Auf Befragen teilt der Tempelherr Nathan seinen Namen mit; Nathan vermutet, daß dieser Name ein angenommener sei, zugleich erinnert ihn der Tempelherr vom Aussehen und von der Stimme her an einen alten Freund.

8. Szene

Nathan bittet Daja, bei einem Besuch des Tempelherrn nichts von Rechas Abstammung zu verraten, noch nach des Tempelherrn Abstammung zu fragen.

9. Szene

Als Al Hafi erfährt, daß Nathan sich zu Saladin begeben will, rät er ihm ab, da er befürchtet, der Sultan werde Nathan um sein Vermögen bringen.

3. Akt

1. Szene

Der Besuch des Tempelherrn im Hause Nathans steht bevor. Daja bringt Recha gegenüber den Wunsch zum Ausdruck, dieser möge Recha mit sich nach Europa führen. Recha widerspricht, sie möchte bei ihrem Vater und in ihrem Vaterlande bleiben.

2. Szene

Das folgende Gespräch zwischen Recha und dem Tempelherrn enthüllt die innige Zuneigung beider zueinander. Am Ende verläßt der Tempelherr völlig verwirrt die Szene.

3. Szene

In Verkennung der Gefühlswelt ihrer Begleiterin versucht Daja, nun Recha gegen den Tempelherrn auszuspielen, indem diese ihren Triumph, ihn zu beherrschen auskosten solle. Recha freilich äußert sich derart, ihre Leidenschaft, den Tempelherrn zu sehen und zu sprechen sei einem Gefühl tiefer Zuneigung gewichen.

4. Szene

In Erwartung Nathans wird im Zwiegespräch zwischen Saladin und Sittah deren Plan, Nathan zur Herausgabe seines Geldes zu bewegen, deutlich, zugleich aber auch der moralische innere Widerstand Saladins.

5. Szene

Während der ersten Begegnung Nathans mit dem Sultan versucht Nathan, des Sultans Beweggründe zu seiner Einladung mit Scheinargumenten und allgemeinen Redensarten hervorzulocken, ebenso wie der Sultan versucht, zunächst einmal herauszufinden, welch ein Mensch dieser Nathan sei. Schließlich stellt Saladin, für Nathan überraschend, die Frage nach der rechten Religion.

6. Szene

Der Sultan hat Nathan eine Bedenkzeit gewährt, um eine angemessene Antwort auf seine Frage zu finden. Nathan ist auch darüber höchst verwundert. Im Selbstgespräch überlegt er, wie er sich verhalten soll. Er beschließt, die Antwort in Form eines Märchens zu geben.

7. Szene

Nathan erzählt dem Sultan die Parabel von den drei Ringen. Der Sultan ist tief ergriffen und beschämt von der Weisheit und Humanität Nathans, er bietet ihm spontan seine Freundschaft an. Des Sultans eigentliches Anliegen, von Nathan Geld zu borgen, erfährt

der Jude erst, als er, den Sultan durchschauend, ihm aus freien Stücken Geld für die Kriegsführung anbietet.
Geschickt bringt Nathan die Rede auf den Tempelherrn. Als Saladin von dessen mutiger Tat hört, bittet er Nathan, den Templer zu ihm zu bringen, damit er ihn seiner Schwester Sittah vorstellen könne.

8. Szene

Die Monologszene des Tempelherrn verdeutlicht des Tempelherrn tiefe Leidenschaft zu Recha. Er ist entschlossen, der Neigung seines Herzens zu folgen und um Recha zu werben. Sein Gelübde als christlicher Tempelherr gilt ihm durch die Gefangenschaft als aufgehoben.

9. Szene

Der Tempelherr bittet Nathan um Rechas Hand. Nathan zögert mit einer endgültigen Antwort, da er von der geschwisterlichen Bindung zwischen Recha und dem Tempelherrn ahnt.

10. Szene

Daja gibt dem Tempelherrn das Geheimnis der Abstammung Rechas preis. Der Tempelherr erfährt, daß Recha Christin sei und lediglich Nathans Ziehtochter, der sie im jüdischen Glauben aufgezogen habe. Der Tempelherr läßt sein Entsetzen über Nathans Handlung, eine getaufte Christin jüdisch zu erziehen, deutlich erkennen und verrät damit seine im Grunde intolerante Haltung. Unsicher und verzweifelt bittet der Tempelherr Daja, ihn allein zu lassen.

4. Akt

1. Szene

Bevor der Tempelherr dazu kommt, sich wegen des in seinen Augen heiklen Problems der jüdischen Erziehung eines Christenkindes durch Nathan, zwecks eines Rates an den Patriarchen zu wenden, tritt er in eine Unterredung mit dem Klosterbruder, die dazu dient, die zwielichtige Gestalt des Patriarchen zu beleuchten.

2. Szene

Der Tempelherr teilt dem Patriarchen die Geschichte Rechas mit. Der Patriarch entgegnet, für ein solches Vergehen sei die Todesstrafe angemessen, der Tod auf dem Scheiterhaufen. Der Patriarch will die Hilfe des Sultans in Anspruch nehmen, um diesen Fall zu lösen.

3. Szene

Sittah bringt dem Sultan, der soeben das versprochene Darlehen Nathans empfangen hat, ein wiedergefundenes Bild ihres frühverstorbenen Bruders Assad. Sittah und Saladin beschließen, dieses Bild während des bevorstehenden Besuchs des Tempelherrn mit jenem auf Ähnlichkeit zu überprüfen.

4. Szene

Das folgende Gespräch zwischen Saladin und dem Tempelherrn führt zu einem Freunschaftsbund zwischen beiden. Im darauffolgenden Gespräch über Nathan, äußert der Tempelherr schwere Bedenken über die Zuverlässigkeit Nathans, die der Sultan jedoch abwehrt. Es kommt zu leidenschaftlichen Ausbrüchen des Tempelherrn, die Saladin zu besänftigen trachtet, obgleich auch er des öfteren durch den Tempelherrn beleidigt wird. Geichsam als Prüfung, daß er sich auch wieder zu mäßigen wisse, soll der Tempelherr auf Geheiß Saladins jetzt Nathan suchen und herbeiholen. Zugleich beruhigt ihn Saladin betreffs Recha mit den Worten: ‚Sie ist dein.‘

5. Szene

Sittah zeigt sich verwundert über die Ähnlichkeit des Tempelherrn mit dem Bilde Assads. Auch Saladin ist der Gedanke gekommen, daß jener aus einer Verbindung Assads mit einer Christin stammen könnte. Sittah betont nun des Tempelherrn Anspruch auf Recha, die man sogleich Nathan wegnehmen lassen solle und in das Haus des Sultans führen möge.

6. Szene

Nathan möchte Daja die von seiner Reise mitgebrachten Geschenke überreichen, die diese ablehnt, weil sie diese als Bestechungsgelder ansieht, das Geheimnis um Recha nicht zu verraten. Sie drängt Nathan vielmehr, der Verbindung Rechas mit dem Tempelherrn zuzustimmen, um sich von der Sünde zu reinigen, die durch Rechas Fehlerziehung entstanden sei. Nathan mahnt sie hingegen um einige Tage Geduld.

7. Szene

Der Klosterbruder, im Auftrage des Patriarchen, Nachforschungen über Nathans Vergehen einzuholen, teilt Nathan von diesen Vorgängen mit, zumal er selber vor Jahren das Waisenkind Recha an Nathan überbracht hatte und somit genauestens über die Tatsachen informiert ist. Nathan hatte das Christenkind angenommen, obgleich ihm zur selben Zeit die Christen wenige Tage zuvor seine Gattin und sieben Söhne ermordet hatten. Der Klosterbruder erinnert sich eines Breviers seines verstorbenen Herrn. Nathan erhofft sich Aufschluß aus dieser Schrift, da er weiß, daß der Verstorbene Aufzeichnungen in diesem Brevier hinterlassen hat.

8. Szene

Durch Daja erfährt Nathan, daß Sittah nach Recha geschickt habe. Im Gespräch sucht Nathan zu erfahren, ob Daja dem Patriarchen über Rechas Abstammung berichtet habe. An ihrer Unbefangenheit bemerkt er, daß Daja nichts mitgeteilt haben kann.
Daja beschließt Recha auf dem Wege zu Sittah über ihre Abstammung aufzuklären.

5. Akt

1. Szene

Dem Sultan wird gemeldet, daß der längst fällige ägyptische Tribut eingetroffen ist; somit benötigt Saladin Nathans Darlehen nicht länger.

3. Szene

In einem Monolog gesteht sich der Tempelherr, daß seine Intoleranz Ursache aller Schwierigkeiten ist, wenngleich gerade Nathan, dem er insgeheim immer noch zürnt, durch seine Erziehung, all den Charme und die Liebenswürdigkeit in Recha hineingelegt habe. Letztlich befürchtet er durch seine Darlegungen beim Patriarchen, Nathan große Schwierigkeiten bereitet zu haben.

4. Szene

Aus dem Gespräche Nathans mit dem Klosterbruder erfahren wir, daß jener das wichtige Brevier erhalten hat. Außerdem teilt der Klosterbruder Nathan mit, daß es höchstwahrscheinlich der Tempelherr gewesen sei, der dem Patriarchen das Geheimnis betreffs Rechas verraten habe. Aber Nathan ist guten Mutes. Das Brevier Wolfs von Filnek hat ihm so wichtige Aufschlüsse verschafft, daß er nichts mehr zu befürchten braucht. Mit ihm will er sich geradewegs zu Saladin begeben.

5. Szene

Der Tempelherr gesteht Nathan seine Schuld, bekennt alles, was er, von der Leidenschaft hingerissen, beim Patriarchen getan und erbittet sich Recha zur Frau, um sie aus der Gefahr zu retten, in die er sie gestürzt habe. Zu seiner Verwunderung hört er jedoch von Nathan, infolge der Anzeige beim Patriarchen hätten sich Verwandte Rechas gefunden, vor allem ein Bruder, der allein über ihre Hand zu bestimmen und den sie beide bei Saladin treffen würden.

6. Szene

In Sittahs Harem preist Recha mit warmen Worten inniger Liebe ihren Vater und seine Weisheit, und als Sittah in dieses Lob einstimmt, wirft sie sich ihr, von Schmerz überwältigt, zu Füßen und gesteht ihr, daß Daja ihr eben mitgeteilt habe, sie sei gar nicht Nathans Tochter. Mit zu Herzen gehenden Worten bittet sie Sittah, nicht zu gestatten, daß man ihr den Vater nehme. Als Recha ausführlich erzählt, wo und wie ihr Daja die schreckliche Mitteilung gemacht hat, erscheint Saladin.

7. Szene

Recha wirft sich Saladin zu Füßen und erklärt, nicht eher aufstehen zu wollen, als bis er ihr verspreche, ihr nicht den Vater zu nehmen. Saladin merkt, daß man ihr ihre christliche Abstammung verraten hat, hebt sie auf und bietet sich selbst scherzend als Vater an. Dann meint er, sich verbessernd, sie solle sich lieber nach einem umsehen, „der mit ihr um die Wette leben wolle". Er habe außer ihrem Vater Nathan noch „einen" herbestellt, den sie wohl errate und vor dem sie ja nicht sehr erröten solle. In diesem Augenblick erscheint Nathan mit dem Tempelherrn.

8. Szene

Saladin kündigt Nathan die Rückgabe des geliehenen Geldes an. Dieser ist aufs höchste erstaunt, erklärt aber die Angelegenheit für eine „Kleinigkeit“. Dann wendet er sich der weinenden Recha zu und tröstet sie mit den Worten: „Wenn deinem Herzen sonst nur kein Verlust nicht droht! Dein Vater ist dir unverloren!“ Als Recha ersteres verneint, äußert der Tempelherr, der auf Rechas Liebe gehofft hat, in leidenschaftlicher Weise seinen Unmut und wird von Saladin zurechtgewiesen. Als dieser jedoch Recha bestimmen will, ihre Liebe selbst dem Tempelherrn zu gestehen, erklärt Nathan, Recha sei seine Schwester und sein wahrer Name sei Leu von Filnek. Als Recha nun ihren Bruder umarmen will, tritt dieser zurück. Er ist überrascht und enttäuscht, Recha, die er leidenschatlich liebt, als seine Schwester vor sich zu sehen. Erst Saladins ernste Worte lassen ihn die Größe seines Glücks erkennen. Doch noch eine größere Überraschung steht allen bevor. Nathan hat geäußert, daß Leus und Blandas (Rechas) von Filnek Vater kein Deutscher gewesen sei. Saladin, der die Wahrheit ahnt, befragt Nathan noch genauer. Dieser übergibt ihm das Brevier Wolfs von Filnek, Saladin erkennt sofort die Handschrift seines Bruders Assad und schließt nun dessen Kinder, Leu und Recha, gerührt in seine Arme.

II a. Inhaltsangabe

Nathan der Weise. Ein dramatisches Gedicht in fünf Aufzügen (Vers) von Gotthold Ephraim LESSING. Entstanden August 1778—April 1779; Erstausgabe Berlin 1779; Uraufführung 14.4.1783 Berlin, Döbbelinsche Truppe; Bühnenbearbeitung von F. von Schiller 1801; zahlreiche Parodien, Fortsetzungen und Nachahmungen.

Der Jude Nathan hat vor vielen Jahren ein christliches Waisenkind angenommen und hat es als seine Tochte Recha aufgezogen. Recha wird bei einem Brand des Hauses von einem Tempelherrn gerettet. Die Handlung enthüllt, daß der Tempelherr Rechas Bruder und daß beider Vater ein verschollener Bruder des Sultans Saladin ist. — Lessing demonstriert in der Handlung seine religiösen und philosophischen Überzeugungen. Er verdeutlicht an Nathan den Sinn des tragischen Scheiterns. Nathan hat in einer Progromnacht sein Weib und seine sieben Söhne verloren. Dem Volke zugehörend, das glaubt, unter der persönlichen Leitung Gottes zu stehen, erfährt er dies als Fügung Gottes. Gott hat ihn wie Hiob mit Unglück geschlagen, um ihn zu prüfen. Er ringt mit Gott um die Kraft, das Furchtbare auf sich zu nehmen; es ist ihm durch Gottes Gnade gelungen. Seitdem ist er der Weise, der Mensch, der seinen Willen mit dem Willen Gottes in Übereinstimmung gebracht hat. Er ist jetzt der überlegen Wissende und Handelnde. Er besiegt den Christenstolz des Tempelherrn. Er deckt das Verborgene auf, das Recha, die der Tempelherr liebt und zur Frau begehrt, des Tempelherrn Schwester ist. Ihn trifft der Anschlag des Patriarchen nicht, der den Juden auf den Scheiterhaufen bringen will, weil er ein Christenkind als Jüdin aufgezogen hat. Nathan belehrt Recha, die — durch den weißen Mantel des Tempelherrn getäuscht — glaubt, durch einen Engel gerettet worden zu sein. Gott, der Herr der Welt, kann auch durch die Fügung des natürlichen Geschehenszusammenhangs das Wunder vollbringen und bedarf nicht stets des übernatürlichen Wunders. Saladin hat bis jetzt noch keinen Tempelherrn begnadigt, und diesen nur, weil er ihn an seinen verschollenen Bruder erinnerte. Durch dieses nie zu Erwartende konnte Recha gerettet werden. „Das wär' kein Wunder, wundersücht'ges Volk?"

Ferner antwortet Nathan überlegen wissend dem Sultan Saladin, der ihn versucherisch fragt, welche von den drei theistischen Religionen — der jüdischen, der christlichen, der mohamedanischen Religion — er für die wahrste halte. Nathan antwortet durch die aus dem Dekameron entlehnte Fabel von den drei Ringen. In einer Familie ist seit Generationen jeweils einem (dem liebsten) Sohne ein Ring vererbt worden, der die Gabe hatte, vor Gott und den Menschen angenehm zu machen. Nun hatte der Vater drei Söhne, die er gleich lieb hatte, und, bekümmert, daß nur ein Sohn den Ring erben sollte, ließ er noch zwei weitere Ringe anfertigen und hinterließ jedem Sohn einen Ring als den echten. Die Söhne gerieten in Streit, sie gingen vor den Richter. Dieser erklärte sich außerstande, den echten Ring herauszufinden; doch: der echte Ring habe eine wundertätige Kraft; an ihr sollten die Söhne den echten Ring erkennen. Der Vater ist Gott; die Ringe sind die drei Religionen. Für die durchschnittliche Aufklärung sind die geschichtlich überlieferten Religionen nur Hüllen für die wahre, reine Vernunft- und Naturreligionen. Für Lessing sind diese Religionen Gaben Gottes, mit echtem höheren Offenbarungsgehalt. Jeder dieser Ringe also, als Gabe des Vaters, ist echt. Der Streit um den echten Ring ist müßig und führt vom Sinn und Zweck der Religion ab. Die Gabe Gottes soll nicht theoretisches geklärt, sie soll praktisch zugeeignet werden. Der Besitzer des Rings soll vor Gott und den Menschen angenehm werden. Lessings Forderung der Tolzeranz ist dann nicht in dem Glauben der Aufklärung begründet, daß alle geschichtlichen Religionen nur Vorstufen sind für die reine Vernunft- und Naturreligion, sondern in dem Glauben, daß jede dieser Religionen im Besitz echter Offenbarung von Gott ist und daß theoretisch nicht zu unterscheiden ist, welche Religion die Offenbarung in der richtigsten Form besitzt.

Lessing hat sein ideelles Thema zum Inhalt einer konkreten dramatischen Handlung gemacht. Die Charaktere sind plastisch gezeichnet. Der ideelle Gehalt führt zu einer idealisierteren Gestaltung.

Der Orient ist ein poetischer Raum. So bedient Lessing sich hier auch des Verses, und zwar des Blankverses, den er damit als den Vers der deutschen Klassik zur Geltung bringt. Er bildet ihn zu einem Vers der dramatischen Energie aus.
(Wilpert: Lexikon der Weltliteratur, S. 755—56)

III. Quellen

Lessing beruft sich, was die Quellen zu seinem ‚Nathan‘ angeht, auf Giovanni Boccaccios (1313—1375) Novelle von den drei Ringen (3. Novelle des 1. Tages) aus dem ‚Decamerone‘ (1349—1352). Lessing formte die Novelle Boccaccios, die motivlich bereits einige Vorläufer hatte, zu einer Parabel um und führte sie in dieser Form seinem ‚dramatischen Gedicht‘ ein. Als historische Quellen gelten: Voltaires (1694—1778) Essay ‚Geschichte der Kreuzzüge‘, den Lessing übersetzt hat; Francois Louis Claude Marins (1721—1809) ‚Geschichte Saladins Sulthans von Egypten und Syrien; Celle 1761; Albrecht Schulte (Hrsg.): Vita et res gestae Saladini auctore Bohadino nec non excerpta ex historia Abulfedae; Leyden 1732; Barthélemy d'Herbelot: Bibliothèque Orientale ou Dictionnaire universel contenant généralement tout ce qui regarde la connaissance des peuples de l'Orient; Paris 1697; Olfert Dapper: Delitiae Orientales: Das ist die Ergötzlich- und Merkwürdigkeiten des Morgenlandes in zwei Teile abgefasset; Nürnberg 1712.

IV. Der ‚Fragmenten-Streit'

Lessing veröffentlichte seit 1774 Partien aus den ungedruckten ‚Fragmenten' des Hamburger Orientalisten Hermann Samuel Reimarus (1694—1768) unter dem Titel: ‚Fragmente eines Ungenannten'. Lessing ergänzte die Schriften durch ‚Gegensätze des Herausgebers'. Die Reimarus-Schriften verursachten einen theologischen Streit, in dem sich vor allem der Hamburgische Hauptpastor an der Katharinenkirche Johan Melchior Goeze (1717—1786) hervortat. Lessing gab eine Reihe von Gegenschriften heraus, bekannt unter dem Namen ‚Anti-Goeze'.

Goeze: Lessings Schwächen' (1778):
‚Ich habe aber meine sehr gegründete Ursachen, warum ich, ehe ich auf dieser Bahn einen Schrit mit weiter gehe, von ihm selbst eine völlig runde, und von aller Zweideutigkeit entfernte Erklärung, über die Fragen: was für eine Religion er durch die christliche Religion verstehe; und was für eine Religion er selbst als die wahre erkenne und annehme? fordere. Denn daß bey der Religion, die ich als die christliche bekenne und predige, die Bibel schlechterdings unentbehrlich sey, das kan ich beweisen, aber nicht daß solches auch von der Religion gelte, welche Herr Leßing die christliche nennet, und welche die seinige ist. Hier kan er gar leicht den Sieg behaupten. Allein alsdenn entstehet wieder die Frage: ist diese Religion die wahre christliche Religion? Auf diese komt es vornehmlich an. Und wie ist es möglich, diese Frage zu untersuchen und zu entscheiden, so lange Herr Leßing hier einer deutlichen und bestimmten Erklärung ausweicht, und wenn er sich hier als ein ehrlicher Man erklären sol, den Lesern lauter blaue Dünste in die Augen bläset.'

(v. Düffel: Erläuterungen und Dokumente, S. 95/96)

Lessing: ‚Nötige Antwort auf eine sehr unnötige Frage des Herrn Hauptpastor Goeze in Hamburg' (1778):
... ich antworte auf die vorgelegte Frage so bestimmt, als nur ein

Mensch von mir verlangen kann, daß ich unter der christlichen Religion alle diejenige Glaubenslehren verstehe, welche in den Symbolis der ersten vier Jahrhunderte der christlichen Kirche enthalten sind.'
(Lessings Werke. Vollständige Ausgabe in 25 Teilen, Hrsg. von Julius Petersen und Waldemar von Olshausen. Bd. 23, S. 259)

Die Kontroverse wurde auf Betreiben Goezes und der braunschweigischen Kirchenverwaltung durch einen Eingriff des Herzogs Karl von Braunschweig verboten. Der Herzog schickte dem Hofrat und Bibliothekar zu Wolfenbüttel, Lessing, eine dessen neuerlich herausgegebene Schriften betreffende Resolution, in der der weitere Druck der Schriften untersagt wurde.

Cabinetsbefehl des Herzogs Carl an Lessing.
Euch ist zwar bey Gelegenheit der von euch unterthänigst nachgesuchten Erlaubnis zur Herausgabe der sogenannten Beyträge aus den Schäzzen Unsrer Fürstl. Bibliothek zu Wolfenbüttel die Censur-Freyheit, jedoch nur allein in Ansehung dieser Beyträge, und für dasmal, wiewohl auch in dem zum Ueberfluß dabey ausdrücklich vorausgesetzten Vertrauen, daß nichts was die Religion und gute Sitten beleidigen könne, darin werde abgedrucket werden, in Gnaden erteilet worden; wie ihr aber, wider solches bessere Vertrauen, nicht nur gewisse Fragmente eines Ungenannten, die Fürtreflichkeit und Hinlänglichkeit der Natürlichen Religion und die Göttliche Offenbarung betreffend, in diese Beyträge mit eindrucken, sondern auch außer selbigen verschiedne andre zum Anstoß und öffentlichen Aergernis gereichende Schriften, insbesondere ein Fragment eben dieses Ungenannten unter dem Titel von dem Zweck Jesu und seiner Jünger, welches nichts geringeres als die christliche Religion aufs schlüpfrige zu sezzen, wo nicht völlig einzureissen, zur Absicht zu haben scheinet, zum Vorschein kommen lassen; diesem ganz unleidlichen Unwesen und fast unerhörten Bestreben aber, die Religion in ihrem Grunde zu erschüttern, lächerlich und verächtlich machen zu wollen, nicht nachgesehen werden mag; als wird, nachdem bereits deshalb an die Waysenhauß-Buchhandlung

das Nötige ergangen, auch vorerst, das mehrere vorbehältlich, hierdurch alles Ernstes befohlen, Handschrift des Ungenannten, voraus solche Fragmente genommen, so wie sie vorhanden ist, integraliter, nebst den etwa davon genommenen Abschriften binnen acht Tagen ohnfehlbar einzuschicken, und auch aller ferneren Bekanntmachung dieser Fragmente und anderer ähnlichen Schriften, bey Vermeidung schwerer Ungnade und schärferen Einsehens, gänzlich zu enthalten. Wie denn auch die euch ehmals verliehene Dispensation von der Censur hiemit gänzlich aufgehoben, und die Zurücklieferung des Originals davon euch hiemit befohlen wird.
Braunschweig, den 13. Juli 1778.

V. Entstehungsgeschichte

Lessing: Brief an seinen Bruder Karl
Wolfenbüttel, den 11. Aug. 1778
... Noch weiß ich nicht, was für einen Ausgang mein Handel nehmen wird (mit Goeze). Aber ich möchte gern auf einen jeden gefaßt sein. Du weißt wohl, daß man das nicht besser ist, als wenn man Geld hat, so viel man braucht; und da habe ich diese vergangene Nacht einen närrischen Einfall gehabt. Ich habe vor vielen Jahren einmal ein Schauspiel entworfen, dessen Inhalt eine Art von Analogie mit meinen gegenwärtigen Streitigkeiten hat, die ich mir damals nicht träumen ließ. Wenn Du und Moses (gemeint ist Moses Mendelssohn) es für gut finden, so will ich das Ding auf Subskription drucken lassen, und du kannst nachstehende Ankündigung nur je eher je lieber ein paar hundertmal auf einem Oktavblatte abdrucken lassen, und ausstreuen, so viel und so weit Du es für nötig hälst. Ich möchte zwar nicht gern, daß der eigentliche Inhalt meines anzukündigenden Stücks allzufrüh bekannt würde; aber doch, wenn Ihr, Du oder Moses, ihn wissen wollt, so schlagt das ‚Decamerone' des Boccaccio auf: Giortana I, Nov. III. Melchisedech Giudeo. Ich glaube, eine sehr interessante Episode dazu erfunden zu haben, daß sich alles sehr gut soll lesen lassen, und ich gewiß den Theologen einen ärgern Possen damit spielen will, als noch mit zehn Fragmenten. Antworte mir, wenn Du kannst, unverzüglich.

Lessings ‚Ankündigung' des Nathan
Da man durchaus will, daß ich auf einmal von einer Arbeit feiern soll, die ich mit derjenigen frommen Verschlagenheit ohne Zweifel nicht betrieben habe, mit der sie allein glücklich zu betreiben ist: so führt mir mehr der Zufall als Wahl einen meiner alten theatralischen Versuche in die Hände, von dem ich sehe, daß er schon längst die letzte Feile verdient hätte. Nun wird man glauben, daß ihm diese zu geben, ich wohl keine unschicklichere Augenblicke hätte abwarten können, als Augenblicke des Verdrusses, in welchen man immer gern vergessen möchte, wie die Welt wirklich ist.

Aber mit nichten: die Welt, wie ich sie mir denke, ist eine ebenso natürliche Welt, und es mag an der Vorsehung wohl nicht allein liegen, daß sie nicht ebenso wirklich ist. Dieser Versuch ist von einer etwas ungewöhnlichen Art, und heißt: Nathan, der Weise, in fünf Aufzügen. Ich kann von dem nähern Inhalte nichts sagen; genug, daß er einer dramatischen Bearbeitung höchst würdig ist, und ich alles tun werde, mit dieser Bearbeitung selbst zufrieden zu sein.
Ist nun das deutsche Publikum darauf begierig: so muß ich ihm den Weg der Subskription vorschlagen. Nicht weil ich mit einem einzigen von den Buchhändlern, mit welchen ich noch bisher zu tun gehabt habe, unzufrieden zu sein Ursache hätte: sondern aus andern Gründen.
Meine Freunde, die in Deutschland zerstreut sind, werden hiermit ersucht, diese Subskription anzunehmen und zu befördern. Wenn sie mir gegen Weihnachten dieses Jahres wissen lassen, wie weit sie damit gekommen sind: so kann ich um diese Zeit anfangen lassen, zu drucken. Das Quantum der Subskription wird kaum einen Gulden betragen: den Bogen zu einem Groschen gerechnet, und so gedruckt, wie meine übrigen dramatischen Werke bei Voß gedruckt sind.
Wolfenbüttel den *8ten August 1778,*

Gotthold Ephraim Lessing

Lessing: Brief an Elise Reimarus
... Das Angeschlossene ist eine Ankündigung, über welche meine Freunde sich zum Teil wundern werden. Aber wenn Sie im ‚Decameron' des Boccaz (I.3) die Geschichte vom Juden Melchisedech, welche in meinem Schauspiele zum Grunde liegen wird, aufschlagen wollen, so werden Sie den Schlüssel dazu leicht finden. Ich muß versuchen, ob man mich auf meiner alten Kanzel, auf dem Theater wenigstens, noch ungestört will predigen lassen. Mündlich bald ein Mehreres.
Wolfenb., den *6ten Septbr. 1778*

Dero ergebenster Freund,
Lessing.

Lessing: Brief an Karl Lessing
Wolfenbüttel, den *20. Okt. 1778*
Jetzt ist man hier auf meinen ‚Nathan' gespannt, und besorgt sich davon, ich weiß nicht was. Aber, lieber Bruder, selbst Du hast Dir eine ganz unrechte Idee davon gemacht. Es wird nichts weniger, als ein satirisches Stück, um den Kampfplatz mit Hohngelächter zu verlassen. Es wird ein so rührendes Stück, als ich nur immer gemacht habe, und Herr Moses hat ganz recht geurteilt, daß sich Spott und Lachen zu dem Tone nicht schicken würde, den ich in meinem letzten Blatte angestimmt (und den Du auch in dieser Folge beobachtet finden wirst), falls ich nicht etwa die ganze Streitigkeit aufgeben wollte. Aber dazu habe ich noch ganz und gar keine Lust, und er soll schon sehen, daß ich meiner eigenen Sache durch diesen dramatischen Absprung im geringsten nicht schade.

Lessing: Brief an Karl Lessing
Wolfenbüttel, den *7. November 1778*
Mein ‚Nathan', wie mir Professor Schmid und Eschenburg bezeugen können, ist ein Stück, welches ich schon vor drei Jahren, gleich nach meiner Rückkunft von der Reise, vollends aufs Reine bringen und drucken lassen wollen. Ich habe es jetzt nur wieder vorgesucht, weil mir auf einmal beifiel, daß ich, nach einigen kleinen Veränderungen des Plans, dem Feinde auf einer anderen Seite damit in die Flanke fallen könne. Mit diesen Veränderungen bin ich nun zu Rande, und mein Stück ist so vollkommen fertig, als nur immer eins von meinen Stücken fertig gewesen, wenn ich sie drucken zu lassen anfing. Gleichwohl will ich noch bis Weihnachten daran flicken, polieren, und erst zu Weihnachten anfangen, alles aufs Reine zu schreiben, und à mesure abdrucken zu lassen, daß ich unfehlbar auf der Ostermesse damit erscheinen kann. Früher habe ich damit nie erscheinen wollen; denn Du erinnerst Dich doch wohl, daß ich in meiner Ankündigung zu Weihnachten vorher die Zahl der Subskripenten zu wissen verlangt habe ...
... Mein Stück hat mit unseren jetzigen Schwarzröcken nichts zu tun; und ich will ihm den Weg nicht selbst verbauen, endlich noch einmal aufs Theater zu kommen, wenn es auch erst nach hundert

Jahren wäre. Die Theologen aller geoffenbarten Religionen werden freilich innerlich darauf schimpfen; doch dawider sich öffentlich zu erklären, werden sie wohl bleiben lassen.

Lessing: Brief an Johann Gottfried Herder
‚Nathan' kann nicht eher als in der Ostermesse erscheinen, und Sie sollen von Leipzig aus die verlangten Exemplare erhalten. Ich will hoffen, daß Sie weder den Propheten Nathan, noch eine Satire auf Goezen erwarten. Es ist ein Nathan, der beim Boccaz (Giornata 1. Novella 3.) Melchisedek heißt, und dem ich diesen Namen nur immer hätte lassen können, da er doch wohl wie Melchisedek, ohne Spur vor sich und nach sich, wieder aus der Welt gehen wird. „Introite, et hic Dii sunt!" kann ich indes sicher meinen Lesern zurufen, die dieser Fingerzeig noch unmutiger machen wollte.
Wolfenbüttel, den *10. Jenner 79*

Lessing: Brief an Karl Lessing
Wolfenbüttel, den *18. April 1779*
... Es kann wohl sein, daß mein ‚Nathan' im Ganzen wenig Wirkung tun würde, wenn er auf das Theater käme, welches wohl nie geschehen wird. Genug, wenn er sich mit Interesse nur lieset, und unter tausend Lesern nur einer daraus an der Evidenz und Allgemeinheit seiner Religion zweifeln lernt.

(Wenn nicht anders angegeben, stammen die Briefzitate aus: G. E. Lessing: Gesammelte Werke, Hrsg. von Paul Rilla, Bd. 9, S. 793—845)

Lessings Vorrede zum ‚Nathan'
Wenn man sagen wird, dieses Stück lehre, daß es nicht erst von gestern her unter allerlei Volke Leute gegeben, die sich über alle geoffenbarte Religion hinweggesetzt hätten, und doch gute Leute gewesen wären; wenn man hinzufügen wird, daß ganz sichtbar meine Absicht dahin gegangen sei, dergleichen Leute in einem weniger abscheulichen Lichte vorzustellen, als in welchem der christliche Pöbel sie gemeiniglich erblickt: so werde ich nicht viel dagegen einzuwenden haben.

Denn beides kann auch ein Mensch lehren und zur Absicht haben wollen, der nicht jede geoffenbarte Religion, nicht jede ganz verwirft. Mich als einen solchen zu stellen, bin ich nicht verschlagen genug: doch dreist genug, mich als einen solchen nicht zu verstellen. —
Wenn man aber sagen wird, daß ich wider die poetische Schicklichkeit gehandelt, und jenerlei Leute unter Juden und Muselmännern wolle gefunden haben: so werde ich zu bedenken geben, daß Juden und Muselmänner damals die einzigen Gelehrten waren; daß der Nachteil, welchen geoffenbarte Religionen dem menschlichen Geschlechte bringen, zu keiner Zeit einem vernünftigen Manne müsse auffallender gewesen sein, als zu den Zeiten der Kreuzzüge, und daß es an Winken bei den Geschichtsschreibern nicht fehlt, ein solcher vernünftiger Mann habe sich nun eben in einem Sultane gefunden.
Wenn man endlich sagen wird, daß ein Stück von so eigner Tendenz nicht reich genug an eigner Schönheit sei: — so werde ich schweigen, aber mich nicht schämen. Ich bin mir eines Ziels bewußt, unter dem man auch noch viel weiter mit allen Ehren bleiben kann.
Noch kenne ich keinen Ort in Deutschland, wo dieses Stück schon jetzt aufgeführt werden könnte. Aber Heil und Glück dem, wo es zuerst aufgeführt wird. —

(Lessing, Werke, hersg. v. P. Rilla, Bd. 2, S. 322 f.)

(‚Nathan der Weise' wurde erstmalig aufgeführt am 14. IV. 1783 in Berlin. Die ‚Vorrede' wurde von Lessing zurückgenommen.)

Zusammenfassung:
Durch die Wolfenbütteler „Fragmente eines Ungenannten" (1774 ff.) hat Lessing eine langjährige Auseinandersetzung mit der orthodoxen protestantischen Theologie seiner Zeit heraufbeschworen, die in den Streitschriften gegen den Hamburger Hauptpastor Goeze ihren Höhepunkt findet. Als ihm 1778 vom Ministerium in Braunschweig die Zensurfreiheit entzogen wird, beschließt er, die Fehde auf seiner „alten Kanzel", der Bühne, fortzusetzen. Über den ersten Plan zum „Nathan" vermerkt er am 8. August 1778: „... so führt mir

mehr Zufall als Wahl einen meiner alten theatralischen Versuche in die Hände, von dem ich sehe, daß er schon längst die letzte Feile verdient hätte ..." Gemeint ist vermutlich der Entwurf einer knappen Szenenfolge vom Februar 1776, der auf älteren Notizen basiert. Im November 1778 wird dieser Entwurf abgeschrieben und erweitert. Am 12. November 1778 entwirft Lessing die erste Szene des ersten Aktes der endgültigen Fassung, am 13. die zweite und dritte; am 14. beginnt er den bisher entworfenen ersten Akt in Verse zu bringen und fügt ihm den Schluß hinzu. Am 6. Dezember wird der zweite Aufzug, am 28. Dezember der dritte Aufzug, am 2. Februar 1779 der vierte Aufzug, am 7. März 1779 der fünfte Aufzug „zu versificieren begonnen". Die Druckkosten sollen durch Subskription bestritten werden. Das erwähnte Vorwort erscheint ebensowenig wie das geplante Nachspiel „Der Derwisch" in der Erstausgabe des „Nathan", die sich bereits im Mai 1779 gedruckt in den Händen des Subskribenten befindet.

Lessing hat für sein letztes Drama den englischen Blankvers gewählt, der seitdem zum beherrschenden Versmaß des klassischen deutschen Dramas wird. „Um geschwind fertig zu werden", schreibt er am 16. 12. 1778 an Elise Reimarus, „mache ich ihn (Nathan) in Versen. Freilich nicht in gereimten; denn das wäre gar zu ungereimt". Des fünffüßigen Jambus hatten sich schon seit dem Jahre 1758 drei deutsche Dichter im Drama bedient; Wieland, J. H. Schlegel und Brawe, denen Gleim mit seinem versifizierten „Philotas" (nach Lessing), schließlich auch Klopstock und Weiße folgten. Es dürfte kein Zufall sein, daß auch Lessing bereits zu dieser Zeit — also rund 20 Jahre vor dem „Nathan" — in einigen unvollendeten Trauerspielen (z. B. „Kleonnis") sich in diesem Versmaß versucht.

Die Uraufführung seines letzten Dramas hat Lessing nicht mehr erlebt. Sie findet erst am 14. April 1783 durch die Döbbelinsche Truppe in Berlin statt und mißglückt, weil der Hauptdarsteller, Döbbelin selbst, der Rolle des Nathan nicht gewachsen ist. Am 27. Juli 1801 erst erfolgt die Magdeburger Erstaufführung. Am 28. November 1801 inszeniert Schiller das von ihm bearbeitete Stück in Weimar. Von hier an datiert seine ständige Aufnahme in die Spielpläne der deutschen Bühnen. Es wird, so bemerkt Goethe, „sich lange erhalten, weil sich immer tüchtige Schauspieler finden werden, die sich der Rolle Nathans gewachsen fühlen. Möge doch die bekannte Erzählung, glücklich dargestellt, das deutsche Publikum auf ewige Zeiten erinnern, daß es nicht nur berufen wird, um zu schauen, sondern auch zu hören und zu vernehmen. Möge zugleich das darin ausgesprochene göttliche Duldungs- und Schonungsgefühl der Nation heilig und wert bleiben.“

(Lessings Werke, Hrst. von Kurt Wölfel, Bd. I., S. 675/76)

VI. Boccaccios Melchisedech als Vorbild für Lessings Nathan

Giovanni Boccaccio: Die Erzählung von den drei Ringen

Dekameron: 1. Tag, 3. Geschichte

DER JUDE MELCHISEDECH WENDET MIT DER GESCHICHTE VON DEN DREI RINGEN EINE GROSSE GEFAHR VON SICH AB, DIE IHM VON SALADIN DROHTE.

Nachdem Neifile schwieg und alle ihre Geschichte gelobt hatten, begann Filomena auf Geheiß der Königin folgendermaßen zu erzählen:

Neifiles Geschichte erinnert mich an ein sonderbares Abenteuer, das einst einem Juden widerfahren ist. Da von Gott und unserem heiligen Glauben schon viel Rühmliches berichtet worden ist, sei es uns fortan nicht verwehrt, auf die Schicksale und Taten der Menschen zu blicken. Ich möchte euch eine Begebenheit erzählen, die euch vielleicht lehren wird, an euch gerichtete Fragen vorsichtig zu beantworten.

Ihr alle, meine lieben Freundinnen, müßt wissen, daß ebenso oft wie der Törichte sein Glück in Unglück verwandelt, auch der Weise sich durch seinen Verstand aus größter Gefahr zu retten und in Ruhe und Sicherheit zu versetzen vermag. Wie wahr es ist, daß Unverstand manchen vom Glück ins Unglück bringt, sehen wir an vielen Beispielen, die ich hier nicht aufzählen will, da wir sie täglich unzählige Male vor Augen haben. Daß aber die Klugheit uns zum Heile gereichen kann, will ich euch, wie versprochen, kurz in einem Geschichtchen beweisen.

Saladin, dessen Tapferkeit so groß war, daß sie ihn nicht nur vom einfachen Manne zum Sultan von Babylon erhob, sondern ihm auch noch viele Siege über die Sarazenen- und Christenkönige einbrachte, hatte in vielen Kriegen und für seinen persönlichen Prunk sein ganzes Vermögen vertan.

Als er nun durch einen unglücklichen Zufall unerwartet eine hohe Summe Geldes benötigte und nicht wußte, woher er diese so schnell beschaffen sollte, wie er ihrer bedurfte, fiel ihm ein reicher Jude namens Melchisedech ein, der in Alexandria mit Geld wucherte. Er bedachte, daß dieser Mann ihm zwar helfen könnte, wenn er nur wollte, doch auch als so geizig verschrien war, daß er sich freiwillig niemals dazu bereit finden würde. Gewalt aber wollte Saladin ihm nicht antun.

Da er nun das Geld dringend benötigte, überlegte er lange, auf welche Weise er den Juden dazu bringen könnte, ihm zu dienen, und entschloß sich endlich, jenen unter einem künstlichen Vorwand zu zwingen, ihm zu Willen zu sein. Er ließ ihn deshalb zu sich rufen, empfing ihn huldvoll und bat ihn freundlich, sich an seiner Seite niederzulassen. Dann sagte er zu ihm: „Mein lieber Freund, ich habe von vielen Leuten deine Weisheit und deine Kenntnisse in göttlichen Fragen rühmen hören. So möchte ich dich nun fragen, welche von den drei Lehren du für die wahre hältst: die jüdische, die sarazenische oder die christliche?"

Der Jude, der wirklich ein weiser Mann war, erkannte sogleich, daß Saladin die Absicht hatte, ihn mit seinen Worten zu fangen, um ihn in irgendeinen Streit zu verwickeln, und beschloß, von den drei Bekenntnissen weder das eine noch das andere zu loben, damit Saladin sein Vorhaben nicht ausführen könnte. Da er also eine Antwort auf die Frage geben mußte, die ihn nicht in Gefahr brachte, gab sein Scharfsinn ihm auch sogleich ein, was hier zu sagen sei. Er sprach: „Mein Gebieter, die Frage, die Ihr mir vorlegt, ist klug. Um Euch zu antworten, was ich davon halte, muß ich Euch ein Geschichtchen erzählen, das Ihr Euch anhören mögt. Wenn ich mich recht erinnere, so habe ich oftmals gehört, daß vorzeiten einmal ein vornehmer, reicher Mann lebte, der unter vielen anderen Juwelen, die er in seiner Schatztruhe aufhob, auch einen wunderschönen, kostbaren Ring besaß. Wegen seines Wertes und seiner Schönheit wünschte er diesen Ring besonders zu ehren und ihn für immer im Besitz seiner Nachfahren zu erhalten. Er befahl daher, daß derjenige seiner Söhne, dem er den Ring vermachen werde, als sein Erbe zu betrachten und von allen als Oberhaupt der Familie zu ehren und anzuerkennen sei. Sein Sohn, der den Ring erbte, folgte dem Beispiel des Vaters und vermachte den Ring auf die gleiche Weise

seinen Nachkommen. So wanderte der Ring viele Generationen hindurch von einer Hand in die andere und gelangte schließlich in den Besitz eines Mannes, der drei schöne, tugendhafte, gehorsame Söhne sein eigen nannte, die er alle gleichermaßen liebte. Die Jünglinge kannten den Brauch mit dem Ring gar wohl, und da ein jeder von ihnen begehrte, vor seinen Brüdern ausgezeichnet zu werden, bat jeder für sich den Vater, der schon ein alter Mann war, ihm doch den Ring nach seinem Tode zu hinterlassen. Der wackre Mann liebte alle drei gleich innig und war nicht imstande, einen auszuwählen, dem er den Ring vererben sollte. Er beschloß daher, nachdem er jedem seiner Söhne den Ring versprochen hatte, alle drei zufriedenzustellen. Er ließ nun im geheimen von einem geschickten Meister zwei weitere Ringe anfertigen, die dem ersten so voll und ganz glichen, daß selbst er, der beide in Auftrag gegeben hatte, kaum zu erkennen vermochte, welches der echte war, und überreichte, als er seinen Tod herannahen fühlte, heimlich jedem der Söhne einen davon. Nach seinem Tode wollte nun ein jeder der Söhne das Erbe des Vaters und den Vorrang für sich beanspruchen. Und da einer es dem anderen abstritt, zog alsbald jeder von ihnen seinen Ring hervor. Als sich dabei herausstellte, daß die Ringe einander so völlig glichen, daß keiner den echten herauszufinden vermochte, blieb die Frage, wer nun der rechte Erbe des Vaters sei, ungeklärt, und sie ist es noch heute.
Und dasselbe sage ich Euch, mein Gebieter, auch von den drei Glaubenslehren, über die Ihr mich befragt habt. Gott selber hat sie den drei Völkern gegeben, und jedes Volk glaubt, Gottes Erbe, seinen wahren Glauben und seine Gesetze empfangen zu haben. Wer sie aber wirklich besitzt, das ist — wie bei den drei Ringen — bis heute noch ungeklärt."
Saladin erkannte nun, daß der Jude auf die klügste Weise den Schlingen ausgewichen war, die er ihm vor die Füße gelegt hatte. Er entschloß sich deshalb, jenem seine Bedrängnis zu offenbaren, um zu sehen, ob er ihm helfen wolle. Und so tat er und gestand ihm auch, was er im Sinne gehabt, wenn er ihm nicht so weise zu antworten gewußt hätte, wie er es getan habe. Der Jude diente ihm nun bereitwillig mit jeder Summe, die Saladin verlangte. Und dieser

erstattete ihm alles getreulich zurück, ja, er bedachte ihn darüber hinaus mit reichen Geschenken und behielt ihn für immer als seinen Freund in Ehren und Ansehen bei sich.

Giovanni Boccaccio: Das Dekameron, 1-5. Tag., S. 67—71)

VII. Zur Definition der Parabel

Lessings Definition der „Parabel“

Die Exempel werden entweder aus der Geschichte genommen, oder in Ermanglung derselben erdichtet. Bei jedem geschehenen Dinge läßt sich die innere Möglichkeit von seiner Wirklichkeit unterscheiden, obgleich nicht trennen, wenn es ein geschehenes Ding bleiben soll. Die Kraft, die es als ein Exempel haben soll, liegt also entweder in seiner bloßen Möglichkeit, oder zugleich in seiner Wirklichkeit. Soll sie bloß in jener liegen, so brauchen wir in seiner Ermanglung auch nur ein bloß mögliches Ding zu erdichten; soll sie aber in dieser liegen, so müssen wir auch unsere Erdichtung von der Möglichkeit zur Wirklichkeit erheben. In dem ersten Falle erdichten wir eine Parabel und in dem anderen eine Fabel. —

Parabel (griech. parabole = Vergleichung, Gleichnis), lehrhafte Erzählung, die eine allgemeine sittliche Wahrheit oder Erkenntnis durch einen analogen Vergleich, also Analogieschluß, aus einem anderen Vorstellungsbereich erhellt, der nicht ein in allen Einzelheiten unmittelbar übereinstimmendes Beispiel gibt wie die Fabel, sondern nur in einen Vergleichspunkt mit dem Objekt übereinstimmt, und die im Gegensatz zum Gleichnis keine direkte Verknüpfung (so: wie) mit dem zu erläuternden Objekt enthält, wenngleich sie das Beziehungsfeld erkennen läßt, sondern vom Gegenstand abgelöst zur selbständigen Erzählung wird. Besonders in buddhistischer und hebräischer Literatur häufig; am berühmtesten die Parabeln des NT. (Verlorener Sohn) und die des Menenius Agrippa, die das Verhältnis von Senatoren und Bürgern im Staat durch die Parabel vom Magen und den Gliedern erläutert; deutsche Parabeln von Lessing, Herder, Goethe, Rückert und Krummacher. Vgl. auch Lessings Parabel von den 3 Ringen (Nathan III, 7) nach Boccaccio und Schillers Parabel im „Fiesko“ II, 8.

(Gero von Wilpert: Sachwörterbuch der Literatur, S. 428)

VIII. Über den historischen Sultan Saladin

Voltaire schreibt in seiner ‚Geschichte der Kreuzzüge':
„Man sagt, er habe in seinem Testamente verordnet, gleichgroße Summen unter die armen Mahometaner, Juden und Christen, als Allmosen, auszutheilen, durch welche Verordnungen er habe zu verstehen geben wollen, daß alle Menschen Brüder wären, und man, um ihnen beyzustehen, sich nicht darnach, was sie glaubten, sondern, was sie auszustehen hätten, erkundigen müßte. Er hatte auch niemals um der Religion willen jemand verfolgt; er war zugleich ein Bezwinger, ein Mensch, und ein Philosoph.
(G. E. Lessings Übersetzungen aus dem Französischen Friedrichs des Großen u. Voltaires, S. 198)

Karl Hampe schreibt über ihn in dem Band ‚Das Hochmittelalter' (1949):
„Nun war er als Sultan dieser weiten Gebiete, trotz der fortbestehenden lockeren Abhängigkeit von Bagdad, der mächtigste und unabhängigste Fürst der gesamten mohammedanischen Welt geworden, der die syrischen Kolonien der Christen nicht nur vom Lande her umschlossen hielt, sondern auch ihre Seeverbindung mit dem Mutterlande vom Nildelta her jederzeit gefährden konnte. Und dieser weitblickende Herrscher und bedeutende Feldherr war bei aller vornehm-freien und unter Umständen auch duldsamen Großzügigkeit seiner Gesinnung doch ein strenggläubiger Moslem, der selbst im Felde seinen Koran las, die Fasten beobachtete und ein Kleid von harter Wolle trug. Sobald er in langer und mühevoller Vorbereitung alle islamischen Kräfte des näheren Orients in seiner Hand vereinigt hatte, kannte er kein höheres Lebensziel, als die Schmach des ersten Kreuzzuges zu tilgen und die Christen insgesamt von den syrischen Küsten zu vertreiben.

Deren an sich schon schier verzweifelte Lage wurde noch verschlimmert durch die inneren Wirren, die seit dem Tode Amalrichs (1173) das Heilige Land zerklüfteten. Es zeigte sich jetzt, wie gefährlich für das jerusalemitanische Reich, das eines tatkräftigen obersten Kriegsherrn auch nicht einen Augenblick entbehren konnte, die volle, für das Königtum Gewohnheitsrecht gewordene Erbfolge war, die sich selbst auf Weiber erstreckte. Amalrichs dreizehnjähriger Sohn Balduin IV., den die Krankheit des Aussatzes verzehrte, konnte selbst im Frieden nie recht herrschen, geschweige denn im Kriege anführen. Wer aber der eigentliche Regent sein sollte, darüber begann unter den ehrgeizigen Großen ein erbittertes Ringen, das uns der königliche Kanzler Wilhelm, der 1175 Erzbischof von Tyrus wurde, einer der bedeutendsten Geschichtschreiber des Mittelalters, in seiner schon auf Anregung Amalrichs begonnenen und in dreiundzwanzig Büchern bis 1183 geführten „Historie von den überseeischen Geschehnissen" höchst lebendig geschildert hat. Der einsichtsvollste dieser Barone, Raimund II. von Tripolis, suchte in Hoffnung auf abendländische Hilfe, die schon auf dem Laterankonzil erfleht und zugesagt, aber immer wieder verzögert wurde, die drohende Katastrophe wiederholt durch Stillstand mit Saladin und 1185 sogar durch einen vierjährigen Tributfrieden hinauszuzögern. Eben dadurch jedoch machte er sich bei seinen Rivalen, wie Rainald von Châtillon, der in tollkühnromantischen Vorstößen (einmal gar auf dem Roten Meere gegen Mekka und Medina, um womöglich den Leichnam des Propheten zu rauben) alle politische Vorsicht über den Haufen zu werfen pflegte, nur der Verräterei verdächtig. Als bald nach dem Tode Balduins IV. (1185) auch sein fünfjähriges Söhnchen Balduin V. verschied (1186), forderte und gewann seine Schwester Sibylle die Krone für ihren Gatten, den französischen Ritter Veit von Lusignan, der schon als Regent gezeigt hatte, daß er für die Königsrolle wenig geeignet war. Indem der umsichtigere Raimund von Tripolis verdrängt und bekämpft, zeitweilig gar zur Verbindung mit Saladin getrieben wurde, brachte Châtillon durch einen friedbrechenden Überfall auf die Schwester Saladins geleitende Karawane geradezu mutwillig das dräuende Verderben zur Entladung.

Saladin ließ nun den Heiligen Krieg predigen und begann den Generalangriff. Der ritterliche Mut der Lateiner war trotz aller Zuchtlosigkeit noch immer ungeschwächt, auch die Einigkeit selbst mit Raimund stellte sich angesichts der überwältigenden Gefahr noch

einmal notdürftig her. Aber dessen Rat, in der Defensive zu verharren, wurde mißachtet, und der durch Hitze und Wassermangel beeinträchtigte Vorstoß führte bei Hittin, unweit des Sees Genezareth, zur vernichtenden Niederlage (1187): das Ritterheer großenteils niedergemetzelt, der König gefangen, die in die Hand der Feinde gefallenen Templer und Johanniter hingerichtet, Châtillon von Saladin eigenhändig erschlagen, das Heilige Kreuz eine Beute der Ungläubigen. Weiter aber das Land nach Vernichtung der Ritterschaft nahezu wehrlos, eine Feste nach der anderen von den Christen gegen freien Abzug überliefert, selbst die Küstenstädte bis auf Tyrus, Tripolis und Antiochia verloren, Jerusalem, eine heilige Stadt auch der Mohammedaner, nun mit ähnlicher Begeisterung, wie 1099 von den Kreuzfahrern, noch vor Ende des Jahres zurückerobert, wenn auch nicht wie damals in Blut getaucht, der Tempel Salomons wieder verwandelt in die Moschee.
(Karl Hampe: Das Hochmittelalter. München: Droemersche Verlagsanstalt 1949, S. 283—285)

IX. Zur Wirkungsgeschichte

Ausschnitt aus der Rezension in der ,Kaiserlich-privilegirten Hamburgischen Neuen Zeitung', 18. Juni 1779

„Also haben wir uns nicht übereilt, ‚Nathan, den Weisen' des hundertsten Lesers wegen anzuzeigen. Diesen können wir also versichern, daß ‚Nathan', als Drama betrachtet, ganz Lessings und seines Ruhms würdig ist. Eben der weise Plan, diese Handlung, die mit jedem Schritte, den sie fortgeht, den Leser stärker an sich zieht, diese festen, wahren, interessanten Charaktere, völlig die Lessingen eigne Sprache und Dialog, mit allen seinem Witz und Spitzfindigkeiten auch wohl, durchgehends das Vollendete, — überhaupt alles, so wie man's in Lessings besten Schauspielen gewohnt ist ...

Die Charaktere sind alle zusammen gut, jeder auf seine Art; den Patriarchen ausgenommen, der — vielleicht nicht auf seine Art — erzböse ist. ... von den Gesinnungen oder, so man will, Meinungen, derentwegen manche den ‚Nathan' geschrieben zu sein glauben, wollen wir nichts sagen. Wie sie im Drama selbst vorkommen, sind sie jedem Charakter gemäß. Warum jeder Charakter nun so ist und nicht anders, wäre eine besondre Frage, die tun mag, wer mehr Beruf dazu hat. Soviel versteht sich ja von selbst, daß ein Drama, wäre es auch ein Lessingisches, nicht über ernste Wahrheiten zu entscheiden prätendieren kann. Für den mögte auch wohl jede solche Wahrheit immer unentschieden bleiben, der daher Entscheidung annähme. — Dem Gesagten zufolge wird man schon vermuten, daß ‚Nathan' wohl nicht leicht auf die Bühne gebracht werden dürfte; das ist nun leider wohl hier der Fall. Aber hat denn Lessing auch kein Stück für unsre arme Bühne mehr?"

(J. W. Braun: Lessing im Urtheile seiner Zeitgenossen. Teil 2, Berlin 1893, S. 213)

Ausschnitt aus einer Rezension zu einer Theateraufführung in Berlin (Erstaufführung: 14.IV.1783) in: Litteratur- und Theater-Zeitung, Berlin, 3.V.1783

„Die merkwürdigste Erscheinung auf unsrer Bühne in diesem Jahre ist bis jetzt Nathan der Weise von Lessing gewesen. Dieses dramatische Gedicht, über welches wir die schönen Briefe in den Jahrgängen von 1780 und 1781 dieser Zeitung nachzulesen bitten, wurde den 14. 15. und 16. April gegeben. Herr Döbbelin hatte keine Kosten gespart, dieses Meisterstück so würdig als möglich aufzuführen. Es waren neue Dekorationen und Kleider dazu verfertigt worden, und man konnte glauben, dieser Aufwand würde ihm tausendfach vergolten werden. Der erste Tag war dem Stück günstig. Es herrschte eine feierliche Stille, man beklatschte jede rührende Situation, man munkelte allerseits von Göttlichkeiten, welche dieses Lehrgedicht belebten, man glaubte, unser Publikum werde das Haus stürmen, aber dies Publikum blieb bei der dritten Vorstellung Nathans beinahe ganz und gar zu Hause. Die Judenschaft, auf die man bei diesem Stücke sehr rechnen konnte, war, wie sie sich selbst verlauten ließ, zu bescheiden, eine Apologie anzuhören, die freilich nicht für die heutigen Juden geschrieben war, und so fanden sich nur sehr wenige, denen Nathan behagen wollte. Freilich hat das Stück wenig theatralisches — freilich ist's ein Miniaturgemälde, dessen Schönheiten in der Ferne ganz und gar verschwinden, aber man hätteFerngläser mitnehmen, und sich so gut als möglich behelfen sollen, um für das Compliment, welches Herr Döbbelin dem Publikum machen wollte, nicht ganz unerkenntlich zu seyn. Hr. Döbbelin selbst war Nathan und gab ihn uns mit vieler Innigkeit; sein Spiel erinnerte uns noch immer an seine theatralischen Verdienste, durch die er den Harlekin verbannt und reinere Vergnügungen uns schmecken gelehrt hatte."

(Braun, Bd. 2, S. 341)

Moses Mendelssohn (1729—1786): ‚Lessing. — Dessen Verdienst um die Religion der Vernunft. — Seine Gedanken vom geläuterten Pantheismus' in: Morgenstunden oder Vorlesungen über das Da-seyn Gottes. I. Theil, Berlin 1785

„Aber wie sehr veränderte sich die Scene, nach der Erscheinung des Nathan! Nunmehr drang die Kabale aus den Studierstuben und Buchläden in die Privathäuser seiner Freunde und Bekannten mit ein; flüsterte jedem ins Ohr: Lessing habe das Christenthum beschimpft, ob er gleich nur einige Christen und höchstens der Christenheit einige Vorwürfe zu machen gewagt hatte. Im Grunde gereicht sein Nathan, wie wir uns gestehen müssen, der Christenheit zur wahren Ehre. Auf welcher hohen Stufe der Aufklärung und Bildung muß ein Volk stehen, in welchem sich ein Mann zu dieser Höhe der Gesinnungen hinaufschwingen, zu dieser feinen Kenntniß göttlicher und menschlicher Dinge ausbilden konnte."

(Braun, S. 272/73)

Friedrich Schiller (1759—1805) hatte Lessings ‚Nathan den Weisen' für das Hoftheater in Weimar bearbeitet. In seinem Essay: *‚Über naive und sentimentalische Dichtung' (1795)* führt er aus:

Es ist mehrmals darüber gestritten worden, welche von beiden, die Tragödie oder die Komödie, vor der andern den Rang verdiene. Wird damit bloß gefragt, welche von beiden das wichtigere Object behandle, so ist kein Zweifel, daß die erstere den Vorzug behauptet; will man aber wissen, welche von beiden das wichtigere Subject erfordere, so möchte der Ausspruch eher für die letztere ausfallen. — In der Tragödie geschieht schon durch den Gegenstand sehr viel, in der Komödie geschieht durch den Gegentand nichts und alles durch den Dichter. Da nun bei Urtheilen des Geschmacks der Stoff nie in Betrachtung kommt, so muß natürlicher Weise der ästhetische Werth dieser beiden Kunstgattungen in umgekehrtem Verhältnis zu ihrer materiellen Wichtigkeit stehen. Den tragischen Dichter trägt sein Object, der komische hingegen muß durch sein Subject das seinige in der ästhetischen Höhe erhalten. Jener darf einen Schwung nehmen, wozu so viel eben nicht gehöret; der andere muß sich gleich bleiben, er muß also schon dort seyn und dort zu

Hause seyn, wohin der andere nicht ohne einen Anlauf gelangt. Und gerade das ist es, worin sich der schöne Charakter von dem erhabenen unterscheidet. In dem ersten ist jede Größe schon enthalten, sie fließt ungezwungen und mühelos aus seiner Natur, er ist, dem Vermögen nach, ein Unendliches in jedem Punkte seiner Bahn; der andere kann sich zu jeder Größe anspannen und erheben, er kann durch die Kraft seines Willens aus jedem Zustande der Beschränkung sich reißen. Dieser ist also nur ruckweise und nur mit Anstrengung frei, jener ist es mit Leichtigkeit und immer.

Diese Freiheit des Gemüths in uns hervorzubringen und zu nähren, ist die schöne Aufgabe der Komödie, so wie die Tragödie bestimmt ist, die Gemüthsfreiheit, wenn sie durch einen Affect gewaltsam aufgehoben worden, auf ästhetischem Weg wieder herstellen zu helfen. In der Tragödie muß daher die Gemüthsfreiheit künstlicher Weise und als Experiment aufgehoben werden, weil sie in Herstellung ihre poetische Kraft beweist; in der Komödie hingegen muß verhütet werden, daß es niemals zu jener Aufhebung der Gemüthsfreiheit komme. Daher behandelt der Tragödiendichter seinen Gegenstand immer praktisch, der Komödiendichter den seinigen immer theoretisch, auch wenn jener (wie Lessing in seinem Nathan) die Grille hätte, einen theoretischen, dieser einen praktischen Stoff zu bearbeiten. Nicht das Gebiet, aus welchem der Gegenstand genommen, sondern das Forum, vor welches der Dichter ihn bringt, macht denselben tragisch oder komisch. Der Tragiker muß sich vor dem ruhigen Raisonnement in Acht nehmen und immer das Herz interessieren; der Komiker muß sich vor dem Pathos hüten und immer den Verstand unterhalten. Jener zeigt also durch beständige Erregung, dieser durch beständige Abwehrung der Leidenschaft seine Kunst; und diese Kunst ist ntürlich auf beiden Seiten um so größer, je mehr der Gegenstand des einen abstracter Natur ist, und der des andern sich zum Pathetischen neigt. Wenn also die Tragödie von einem wichtigeren Punkt ausgeht, so muß man auf der andern Seite gestehen, daß die Komödie einem wichtigeren Ziele entgegengeht, und sie würde, wenn sie es erreichte, alle Tragödie überflüssig und unmöglich machen. Ihr Ziel ist einerlei mit den höchsten, wornach der Mensch zu ringen hat, frei von Leidenschaft

zu seyn, immer klar, immer ruhig um sich und in sich zu schauen, überall mehr Zufall als Schicksal zu finden und mehr über Ungereimtheit zu lachen als über Bosheit zu zürnen oder zu weinen.
Im Nathan dem Weisen ist dieses nicht geschehen, hier hat die frostige Natur des Stoffs das ganze Kunstwerk erkältet. Aber Lessing wußte selbst, daß er kein Trauerspiel schrieb, und vergaß nur, menschlicher Weise, in seiner eigenen Angelegenheit die in der Dramaturgie aufgestellte Lehre, daß der Dichter nicht befugt sey, die tragische Form zu einem andern als tragischen Zweck anzuwenden. Ohne sehr wesentliche Veränderungen würde es kaum möglich gewesen sein, dieses dramatische Gedicht in eine gute Tragödie umzuschaffen; aber mit bloß zufälligen Veränderungen möchte es eine gute Komödie abgegeben haben. Dem letztern Zweck nämlich hätte das Pathetische, dem erstern das Raisonnirende aufgeopfert werden müssen, und es ist wohl keine Frage, auf welchem von beiden die Schönheit dieses Gedichts am meisten beruht.
(Schillers sämtliche Werke. 12. Bd. Stuttgart u. Tübingen: Cotta 1847, S. 197—99)

Johann Wolfgang Goethe (1749—1832) äußert sich in seiner Autobiographie ‚Dichtung und Wahrheit' (7. Buch, 1812) in folgender Weise:
„(Lessing) wurde nach und nach ganz epigrammatisch in seinen Gedichten, knapp in der ‚Minna', lakonisch in ‚Emilia Galotti', später kehrte er zu einer heiteren Naivität zurück, die ihn so wohl kleidet im ‚Nathan'."
(Goethes Werke. Hamburger Ausgabe. Bd. 9, S. 269)

X. Zur Deutung des ‚Nathan'

a) Benno von Wiese: Charakteristik der Gestalten des Dramas in ihrem Verhältnis zur Humanität

Versuchen wir zunächst den Sinn der Humanität an den Gestalten des Dramas näher zu veranschaulichen. Den Inbegriff der Menschlichkeit verkörpert Nathan, der Weise, der Gute. Was macht ihn nun zum Weisen, was gibt ihm die Überlegenheit, die die verschiedenen Menschen des Dramas zusammenführt und die gleichsam über den Vorgängen bestehen kann? Es sind vor allem zwei Züge, an denen diese Souveränität Nathans sichtbar wird. Der eine ist das Heraustreten aus der Welt der äußeren Dinge. Nathan hat sich durch Selbstentsagung und Selbstverleugnung von den Bedingtheiten und Verstricktheiten des täglichen Lebens gelöst. Er ist keinem Vorgange des Lebens mehr unterworfen, weil er auf jeden gefaßt ist und jeden von der Freiheit seiner Innerlichkeit aus aufnimmt. Vom äußeren Leben aus gesehen ist diese Haltung Resignation; von der Innerlichkeit aus innere Freiheit und Einwilligung in den Willen Gottes. Nathan braucht nicht mehr wie Galotti durch die Unbedingtheit des Sittlichen sich tragisch gegen die Welt zu stellen; vielmehr hat er sich aus der Welt zurückgezogen, und er willigt in die Vorgänge des äußeren Lebens nicht der Weltordnung wegen ein, sondern weil er es gelernt hat, sie von innen zu ertragen. Nathan ist eine Figur im Sinne Spinozas. Er lebt in einer Art von amor fati. Seine Innerlichkeit steht nicht mehr im Gegensatz zur äußeren Welt; sondern verwandelt alles äußere Geschehen in innere moralische Existenz. Dies geschieht durch persönliche Selbstverleugnung, Güte und Menschenliebe, rationales Verständnis und bewußte Aufklärung. Nathans erzieherischer Rationalismus und seine affektlose Güte wurzeln in der moralischen Innerlichkeit, die es gelernt hat, das Gute und das Böse zu ertragen und das Schicksal von der inneren Freiheit aus zu lieben und zu verstehen, wie es auch immer von außen sei. Nathans Glück, weise und gut zu sein, ist gänzlich unabhängig von der äußeren Ordnung des Daseins. Er ist sich in seiner rein innerlichen Sphäre selbst genug und erst von diesem frommen Bewußtsein der eignen Person aus fällt ein Abglanz auf alle äußere Tätigkeit , das Gelderwerben und Handeltreiben, die privaten und die öffentlichen Geschäfte. Jede historische Bedingtheit wird unwesentlich gegenüber dem rein innerlichen Gefühl der moralischen Existenz. — — Wird die Souveränität Nathans einmal in dem Heraustreten aus der Welt der äußeren Dinge sichtbar, so zeigt sie sich zweitens in einem Hereinnehmen der äußeren Dinge in die Innerlichkeit. Dieses Hereinnehmen geschieht durch den Gedanken der göttlichen Fügung. Die äußeren Dinge erhalten eine neue Bedeutung , insofern sie von der moralischen Existenz angeschaut werden. Sie sind nicht mehr von außen verhängt, sondern von innen her erlitten. Durch Fügung erweist sich alles Äußere als ständige Aufgabe und als ständiger Reiz für die Unmittelbarkeit der moralischen Innerlichkeit. Denn gerade das macht die Fügung erst zur Fügung, daß sie aus der Sinnlosigkeit des Zufälligen heraustritt und eine notwendige, bestimmende und läuternde Bedeutung für den inneren Menschen hat.

Der Sultan Saladin unterscheidet sich von dieser Daseinsform, abgesehen von seiner anderen historischen Existens nur durch den geringeren Grad, in dem er sich von der Welt auf sich selber zurückgezogen hat. Er lebt noch mehr in dem Bewußtsein der Zwecke und der Ziele. Er ist männlicher nach außen orientiert, und seine innere Gesammeltheit hat noch nichts von der wissenden und überschauenden Güte Nathans. So ist z. B. seine Freigiebigkeit mehr ein Ausfluß eines edlen und zugleich unbesonnenen Temperamentes, während Nathan seine Freigiebigkeit rational aufklärt und nach den inneren Maßen regelt, die sein Verhältnis zur Welt von der Innerlichkeit aus bestimmen. Saladin reift zur Betrachtung und zum Verständnis der moralischen Innerlichkeit erst durch die Begegnung mit dem weiseren und älteren Nathan, dem er zwar an ursprünglicher Menschlichkeit nichts nachgibt, der ihm aber hilft, diese Menschlichkeit ins Bewußtsein zu heben.

Wieder eine andere Stufe der Humanität verkörpern Recha und der Tempelherr, die liebenden Geschwister. Im Tempelherrn wird lebendige Kraft und angeborener Adel sichtbar. Auch er besitzt schon eine eigene Menschlichkeit unabhängig von den historischen Schranken und ein Gefühl für diese Menschlichkeit, wo immer sie ihm begegnet. Zum mindesten sucht er trotzig und eigenwillig eine solche Provinz des Menschlichen, um sich auf dieser Suche zu einem Menschen zu bilden. Aber dieses Bewußtsein des Menschlichen befindet sich noch in leidenschaftlicher Verwirrung. Es ist durch die Affekte, selbst die edlen Affekte, wie mit Stricken an die Welt gebunden, und er kann noch in den mancherlei Schwankungen der Leidenschaft nicht zu der steten Ruhe der innerlich gewordenen Existenz kommen. Seine moralischen Anlagen müssen erst vernünftig werden. Sie bedürfen ebenso der Selbsterziehung wie der Freundschaft des weisen Nathan. Durch Schmerz und Liebesentsagung erreicht er eine gereinigte Form der Humanität, die ihre eigenen Grenzen kennt und deren Sittlichkeit vernünftig geworden ist. — — Leichter hat es sein Gegenpart, die Schwester Recha, die durch die liebevollste Erziehung Nathans zu einer zuweilen vielleicht allzu aufgeklärten Existenz geleitet wurde. Recha zeigt, wie die Humanität sich aus Keim und Anlage des Menschlichen ohne Gewaltsamkeiten entwickeln läßt und wie sich auch das fromme Wähnen und Einbilden einer leidenschaftlichen Seele zur gefaßten, moralischen Klarheit umformen läßt. Nathans Strenge und ruhelose Dialektik zwingt Recha, vor der sittlichen Forderung der Humanität nicht in ein Traumland auszuweichen.

Schließlich Al-Hafi und der Klosterbruder! Hier beginnt schon jene Ironisierung der Gestalten, eine Ironisierung, die trotz ihrer vielen liebenswerten und sympathischen Charakterzüge aus der Differenz dieser Gestalten zu der durch die reine Menschlichkeit verkörperten Idee entsteht. Sie stehen in keinem entscheidenden Gegensatz zu dieser Idee; aber der Abstand ist so groß, daß er ironisch wirkt. Es ist eine doppelte Ironie. Einmal macht diese Ironie den Abstand erst sichtbar; aber zweitens überwindet sie diesen Abstand auch wieder, weil sie eine Ironie aus Güte ist, die hinter den bizarren und fremden Einzelzügen den Menschen als Menschen liebt und achtet. Al-Hafi verkörpert die Innerlichkeit ohne ihre moralische Läuterung zur Humanität. Er sucht nur seine persönliche Glückseligkeit, auch wo er entsagt und nach persönlicher Unabhängigkeit strebt, während Nathan durch Entsagung als moralisch freie Existenz innerlich in den Willen Gottes einwilligt. Die Unabhängigkeit des Derwisch hingegen ist nur scheinbar. Er ist zwar von seinen Bedürfnissen unabhängig, nicht aber von seinen Stimmungen und Launen; seine Unabhängigkeit ist negativ, sie ist Mangel an Leidenschaft, nicht aber positives Bewußtsein moralischer Existenz. Entsprechend wird auch seine leitende Menschheitsidee nur ein utopischer Traum, der der Realität ausweicht; („am Ganges, nur am Ganges gibt es Menschen"); nicht aber eine Forderung, die sich stets in der Welt bewähren und erhalten muß, um gerade damit die Souveränität des innerlichen Menschen vor aller Welt zu beweisen. Freilich wenn der Derwisch auch nicht den Sinn der Humanität vertreten kann, so lebt doch in seiner Existenz auch in der ironischen Form so viel Menschliches, Wildheit, Güte und Adel, daß sie als menschliche Existenz geliebt und geachtet wird, auch wo Nathan sie überlegen verspottet.

Der Klosterbruder teilt trotz anderer Färbung und anderem historischen Glauben mit dem mohamedanischen Derwisch den Quietismus, die Entsagung, die nicht in den Willen Gottes einwilligt, weil die eigene sittliche Freiheit nichts höheres wollen kann als diesen Willen, sondern aus einem Mangel an Willen und sittlicher Kraft. Beide Gestalten haben noch etwas von Sentimentalem, insofern sich hier die Tugend vor der Welt verschließt und im passiven Geschehenlassen die eigne Sittlichkeit sich zu behaupten sucht. Der Klosterbruder hat in seiner schlichten und einförmigen Liebesfrömmigkeit einen menschlicheren Zugang zur Religion, als die hartnäckigen Vorkämpfer der positiven Religion. Seine Existenz ist an sich durchaus menschlich, so menschlich naiv, daß sich selbst Nathans denkende Reflexion dieser betörenden Innigkeit des Gefühls in seiner erschütternden Beichte unterwirft. Aber der Klosterbruder ist doch wieder eine ironische Figur in seiner Mischung von Schlauheit und Einfalt, in seiner Abhängigkeit von äußeren Autoritäten auf der einen Seite und vom schlichten sittlichen Gewissen auf der anderen Seite. Welche Ironie, wenn er den unsittlichen Geboten gehorchen muß, und sie doch im Geschehenlassen durch das buchstäbliche Geschehenlassen unwirksam macht! Fast wirkt diese Ironie des Klosterbruders wie eine späte, milde Parodie auf Galottis sittlichen Konflikt, zu gehorchen und dennoch sittlich zu bleiben. Aber nur darum ist eine solche ironische und menschliche Parodie möglich geworden, weil das Gehorchen hier nur blindes, uneinsichtiges Gehorchen ist; die sittliche Innigkeit aber nicht Unbedingtheit der Forderung, sondern schlichte, religiöse Empfindung. Im Ganzen verkörpern Derwisch und Klosterbruder die Menschlichkeit, aber ohne die sittliche und vernünftige Läuterung, durch die sie erst Humanität wird.

Daja scheint schon fast aus der Ordnung herauszutreten; aber ihr Heraustreten wird noch menschlich verstanden und verziehen, weil es nicht ernsthaft genommen wird. Dajas Unduldsamkeit, ihre Bekehrungssucht, ihr naiver Egoismus erscheinen eher als komische Züge einer ursprünglich gutmeinenden, herzlichen und liebevoll angelegten Natur. Daja bedeutet das Beispiel mißleiteter Menschlichkeit, die noch durch Erziehung und Ironie sich zum Guten führen ließe.

Der Patriarch hingegen gehört auch in negativer Beziehung nicht mehr in diesen Stufenbau der Menschlichkeit. Aber gerade durch dieses völlige Heraustreten, durch die Häufung satirischer und polemischer Züge, durch die Verdeckung aller menschlichen Regungen auf Grund einer herrschsüchtigen, intoleranten, positiven Religion wirkt er allzu beziehungslos und unglaubhaft. Da er als Kontrast zu allen gestalteten Formen der Menschlichkeit gedacht ist, bleibt er nur Schatten und Schemen, in dem nichts Menschliches mehr zu finden ist. Die Aristokratie der Menschen bildet ihre eigene, unabhängige Ordnung, und kein Gegenspieler kann in diese Ordnung eindringen oder sie tragisch in Frage stellen. Diese Ordnung trägt sich als Glaubens- und Lebensbekenntnis selber, und die Aufhebung dieser Ordnung bedeutet genau wie die Negation dieses Glaubens- und Lebensbekenntnisses für Lessing nur eine überlebte Farce, die sich nur als Zerrbild enthüllen läßt und die vor dem Bilde wahrer Menschlichkeit wie ein Popanz dasteht.

Nach dieser Überschau über die Gestalten der Humanität in „Nathan der Weise“ darf gefragt werden: was heißt Humanität selber? Es sind vor allem drei Züge, die uns in dieser Aristokratie der Menschen entgegentreten; einmal die Loslösung von ihrer geschichtlichen Existenz, zweitens die Erhebung zu geistigen Personen, drittens der Optimismus in der Welt- und Lebensanschauung. In diesen drei Zügen verkörpern sich drei Grundgedanken der Aufklärung: die übergeschichtliche Gültigkeit, die autonome Vernunft und das harmonische Weltbild. Welchen Sinn haben diese Ideen in den Gestalten Nathans des Weisen gefunden? Die Menschen Lessings sind ungeschichtlich, insofern, als ihre Herkunft, ihre Tradition, ihr angestammter Glaube nicht ihren menschlichen Gehalt bestimmt. Sie verleugnen zwar nicht, daß sie aus diesem oder jenem Millieu stammen, daß sie diese oder jene Vergangenheit hinter sich haben. Aber dieses Historischsein der Existenzen ist für sie nicht wesentlich. Wichtiger ist, daß sie sich damit begnügen, Menschen zu sein, daß sie in ihrer Innerlichkeit ein Prinzip finden, das höher zu werten ist als alle Geschichte. Aber es ist ein Mißverständnis, diese Innerlichkeit des Menschen als völlig geschichtsfremd auszulegen. Diese Innerlichkeit ist nur ein Uninteressiertsein an der historischen Fülle zugunsten dessen, was die Menschen wesenhaft als Menschengeschlecht einigt. Aber sie leugnet dabei diese historische Fülle durchaus nicht. Sie versucht nicht alle Menschen über den Leisten eines Ideals zu schlagen und damit einförmig zu machen. „Ich habe nicht verlangt, daß allen Bäumen eine Rinde wachse." Vielmehr entspringt das Ideal des Menschen gerade in der Vielheit seiner Erscheinungen. Es ist gewissermaßen der übergeschichtliche Gehalt Menschlichkeit, wie er in allen geschichtlichen Gestalten mit gegenwärtig ist und dann verdeckt wird, wenn der Mensch nur historisch ist. Man darf nicht vergessen, die Humanitätsgestalten des Dramas sind keineswegs entindividualisiert; ihre Individualitäten sind nur im Sinne des Humanitätsideals vereinigt worden. Diese innerlich einigende Humanität besteht in freier, sittlicher Selbstbestimmung und vernünftiger Menschenliebe, unabhängig von den historischen Motiven, die die Menschen sonst noch bewegen können. Denn diese innere sittliche Sphäre des Menschen entzieht sich der Geschichte, weil sie in ihrer reinen Menschlichkeit prinzipiell übergeschichtlich ist, zum Wesen des Menschen gehört; aber sie kehrt sich nur insofern gegen die Geschichte, als die geschichtlichen Religionen dem Menschen diese Freiheit zu seiner eignen Innerlichkeit nehmen wollen.

(Benno von Wiese: Lessing. Dichtung, Ästhetik, Philosophie, S. 72—78)

b) Karl Jaspers: Lessings Nathan als philosophische Tragödie

c) Die philosophische Tragödie. Die Erlösung vom Tragischen durch eine philosophische Grundhaltung darf nicht im Tragischen bleiben. Es genügt nicht, daß der Mensch schweigend standhält. Es genügt auch nicht, daß er zwar bereit ist für ein Anderes, es aber nur in Träumen der Phantasie als Symbol ergreift. Vielmehr müßte die Überwindung des Tragischen sich vollziehen in einer Verwirklichung, die zwar auf dem Grunde tragischen Wissens möglich ist, aber nicht in ihm bleibt. Diese ist ein einziges Mal in einer darum einzigen Dichtung dargestellt: in Lessings „Nathan der Weise", dem neben Faust tiefsten deutschen dramatischen Werk. (Goethe aber, so viel reicher, anschauungsmächtiger, kommt nicht ohne die Gewalt christlicher Symbole aus: Lessing beschränkt sich karg auf die täuschungslose Menschlichkeit als solche, mißverstehbar als Kargheit, als Bildungslosigkeit, als Gestaltungslosigkeit, nur dann, wenn der Leser nicht aus eigenem erfühlt, was der Dichter so klar zum Ausdruck bringt.)
Lessing schrieb in der größten Verzweiflung seines Lebens (nach dem Tode von Frau und Sohn), zudem voll Verdruß über die Streitigkeiten mit dem niederträchtigen Hauptpastor Göze, dieses „dramatische Gedicht", wie er es nennt. Gegen die Möglichkeit, man möchte in solchen Zeiten der Verzweiflung gern vergessen, wie die Welt wirklich ist, sagt Lessing: „Mit nichten: die Welt, wie ich mir sie denke, ist eine eben so natürliche Welt, und es mag an der Vorsehung wohl nicht allein liegen, daß sie nicht eben so wirklich ist." (13, 337). Eine solche natürliche Welt, die nicht herrscht und die doch nicht unwirklich ist, zeigt Lessing im „Nathan".
„Nathan der Weise" ist nicht Tragödie. Nathan, wie er auftritt im

Beginn des Dramas, hat die Tragik in seiner Vergangenheit. Sie liegt hinter ihm: sein Hiobsschicksal, das Verderben Assads. Aus der Tragödie und dem tragischen Wissen ist — zunächst in Nathan — erwachsen, was die Dichtung darstellt. Die Tragödie ist nicht überwunden, wie bei Äschylus, durch die mythische Anschauung einer durch Zeus, Dike und die Götter gelenkten Welt, nicht wie bei Calderon, durch den bestimmten christlichen Glauben, in dem alles gelöst ist, — nicht wie in den indischen Dramen durch eine Seinsordnung, an der gar nicht gezweifelt wird, — sondern durch die Idee des eigentlichen Menschenseins. Diese entfaltet sich als werdend, nicht als gegebenes Sosein; sie ist nicht da in der Anschauung einer vollendeten Welt, sondern in dem umgreifenden Streben, das aus dem inneren Handeln in der Kommunikation dieser Menschen sich verwirklicht.

Es ist als ob die Reife der vernünftigen Seele Nathans, zu sich gekommen im ungeheuersten Leid, die Menschen als eine zerstreute, sich nicht mehr kennende, nun aber sich erkennende Familie wieder zusammenführt (in der Dichtung symbolisch als eine wirkliche blutsverwandte Familie). Und zwar tut er es nicht nach einem zweckhaften Plan aus umfassendem Wissen, sondern Schritt für Schritt mit dem jeweils von ihm in der Situation erworbenen Wissen und Vermuten durch seine stets gegenwärtige Menschenliebe. Denn die Wege des Menschen sind nicht rational zweckhaft, sondern nur aus der Kraft des Herzens, die sich der klügsten Vernunft bedient, möglich.

Daher wird in der Dichtung dargestellt, wie alles aus Verstrickungen zur Lösung kommt. Die Akte des Mißtrauens, des Verdachts, der Feindschaft lösen sich auf in dem Offenbarwerden des Wesens dieser Menschen. Es schlägt zum Heil aus, was aus den Antrieben der Liebe im Raum der Vernunft geschieht. Freiheit bewirkt Freiheit. Aus der Tiefe dieser Seelen finden im Medium kluger Zurückhaltung und dann plötzlichen, unzweideutigen Verstehens, vorsichtiger Planung und dann durchbrechender Rückhaltlosigkeit die Begegnungen statt, in denen sich die unerschütterlichen Solidaritäten gründen, während die nicht zur Familie des Menschenseins gehörigen Niederträchtigen unmerklich zur Ohnmacht gelangen.

Die Menschen aber sind nicht mehrere Exemplare des einen einzigen richtigen Menschseins, sondern ursprünglich so geartete, ja besondere Einzelwesen, individualisierte Gestalten, die sich treffen nicht auf Grund gemeinsamer Artung (denn sie sind so verschieden wie möglich: Derwisch, Klosterbruder, Tempelherr, Recha, Saladin, Nathan), sondern auf Grund der gemeinsamen Richtung auf das Wahre. Alle geraten sie in die ihnen eigentümlich zukommenden Verstrickungen, durch die sie sich unterscheiden; alle vermögen sie diese Verstrickungen aufzulösen, ihre eigene Artung des Soseins zu überwinden, ohne sie auszulöschen; denn sie leben aus einem tiefen Grunde, in dem sie gemeinsam wurzeln. Sie sind jeweils besondere Gestalten des Freiseinkönnens und Freiseins.

Es ist diese Dichtung das Leibhaftwerden der „Vernunft" in menschlichen Persönlichkeiten. Die Atmosphäre des Gedichts mehr noch als die einzelnen Handlungen und Sätze, als die Rührungen und die Wahrheiten, spricht zu uns als der Geist des Ganzen. Man muß nicht am Stoffe haften. Die romantische Situation im heiligen Lande der Kreuzzugszeiten, als alle Völker und Menschen sich treffen und aufeinander wirken, die Idee der deutschen Aufklärung, der verachtete Jude in der Hauptrolle, das alles ist nicht wesentlich, sondern zeitgebundenes Material und unentbehrliche Anschaulichkeit, um zur Darstellung zu bringen, was sich der Dichtung im Grunde entzieht. Es ist, als ob von Lessing das Unmögliche gewollt werde, und als ob es fast gelungen sei. Die Einwände, daß es sich um undichterische Abstraktheiten, um Aufklärungsgedanken und um Tendenzen handle, halten sich an Vereinzeltes und an Stoffliches. Das scheinbar Leichteste ist auch das schwerst Verständliche, zwar nicht für Verstand und Auge, aber für die Seele, die aus eigener Tiefe entgegenkommen muß, um den Enthusiasmus dieser Philosophie, ihre unergründliche Trauer, und ihre gelassene, freie Heiterkeit, — um unseren einzigen Lessing zu spüren.

„Soweit Ausgleichung möglich ist, schwindet das Tragische" (Goethe). Ist diese Ausgleichung gedacht als Prozeß der Welt und der Transzendenz, in der alles von selbst zur Harmonie kommt, so ist das eine Illusion, durch die das Tragische verlorengeht und nicht überwunden wird. Ist die Ausgleichung aber die aus der Tiefe liebenden Kampfes sich vollziehende Kommunikation der Menschen und ihre dadurch geschehende Verbindung, so ist das keine Illusion, sondern existentielle Aufgabe des Menschenseins in der Überwindung des Tragischen. Nur auf diesem Grunde sind die metaphysischen Überwindungen des Tragischen ohne Selbsttäuschung erfaßbar:

(Karl Jaspers: Von der Wahrheit, S. 949—951)

c) Gerhard Bauer: Revision von Lessings ‚Nathan'

Realismus im Widerspruch gegen die feudalabsolutistische Unterdrückung

Die „theatralische Schnurre", das „orientalische Märchen", mit dem Lessing seine Position in seinen theologischen Händeln untermauerte und sein Toleranzideal allegorisch mithilfe einer innigen, ziemlich repressionsfreien Familienbeziehung veranschaulichte, ist kein realistisches Stück im strengen Sinne. Aber die Figuren und Verhältnisse, mit deren Verknüpfung die allegorische Fabel allzu frei, d. h. wunschgemäß, also utopisch umspringt, sind in sich selber voll mit zeitgenössischer Realität getränkt. Sie enthalten eine scharfe parteiliche Stellungnahme zu dieser Realität. Und auch die Utopie, die Versöhnung in einer übernationalen überkonfessionellen Familie, ist keine Fluchtphantasie. Lessing siedelt die vorausgeahnte befreite Menschheit nicht im Niemandsland etwa der vorangegangenen und in Deutschland immer noch aktuellen Robinsonaden an. Er will auch nicht der „Schwärmer" seiner Menschengeschlechtserziehung sein, der „oft sehr richtige Blicke in die Zukunft" tut, aber diese Zukunft „nicht erwarten" kann (21). Seine optimistischen, im Glauben an die Eigenmacht der Vernunft illusionären Vorwegnahmen stehen in einem scharfen kritischen Verhältnis zur zeitgenössischen Realität, sie weichen nirgends vor ihr aus. Deshalb sind die realistisch widerspiegelnden und die utopisch-konstruierenden Elemente des dramatischen Gedichts nicht gegeneinander auszuspielen. Deshalb ist auch die Zusatz-

streitschrift im theologischen Kampf als deutliche Parteinahme in den äußerst weltlichen Händeln zwischen den unterdrückten Bürgern und dem herrschenden, obgleich in Deutschland gar nicht glänzenden Feudalabsolutismus zu lesen. Wäre der Nathan eine Ketzerei nur gegen die Kirche gewesen, hätte er in den von der Kirche nicht mehr übermäßig geknebelten Ländern kaum soviel Furore gemacht.
Lessing bleibt mit dem thesenhaften, postulierenden Realismus des Nathan seiner alten Untersuchungsmethode treu, gibt aber das Instrument des bürgerlichen Dramas als einer einigenden, zwingenden, die Klassenerfahrungen konzentrierenden Handlung auf. Er geht nach wie vor von gesellschaftlichen, im Nathan sogar sehr weitgespannten Konflikten aus. Er sucht, von seiner historisch und analytisch begrenzten Erkenntnisfähigkeit aus die treibenden Kräfte auf beiden Seiten auf. Er tut es weiterhin mit einer klar dialektischen, klassenerzieherischen Absicht: er will die Untersuchungsmethode selbst, das Zurückführen der Konflikte auf die zugrundeliegenden Interessen den Lesern zur eigenen Anwendung übermitteln. Aber er kann nach dem Scheitern des Hamburger Experiments nicht zurück zu der Illusion, die diesem Experiment zugrunde lag und die er am Ende der Hamburgischen Dramaturgie deutlich als Illusion durchschaute: die bürgerliche Emanzipation materiell durchs bürgerliche Drama voranzutreiben, ein Nationaltheater für eine Nation aufzubauen, die es als einheitliche Nation gar nicht gab und die sich von den damaligen Kräften aus nicht herstellen ließ. Dieses Instrument bürgerliches Drama nimmt Lessing nicht wieder auf, baut keine starke, die gesellschaftliche Konfrontation direkt widerspiegelnde Handlung auf. Er bringt keine Zeitgeschichte auf die Bühne wie im Henzi-Fragment und in der Minna. Die Militärdespotie, die persönlich-autokratische Willkür des Herrschers wird nicht zum Gegenstand des Stückes gemacht, nicht einmal als bewegende Kraft außerhalb des Stückes skizziert wie in der Minna. Im Nathan herrscht auch nicht das brutale, nach Launen zugreifende und vernichtende Regiment des Duodezabsolutismus über die Bürger wie in der Emilia. Das dramatische Gedicht geht sorgloser mit der Dramenform und dem dieser Form in-

härenten historisch-gesellschaftlichen Programm um. Es ist nach dem Schema der Verwechslungskomödie gearbeitet, die von der Spätantike an zum Allerweltsstoff wurde. Lessing siedelt es im Orient an, der im 18. Jh. gängigen Verkleidungsform für Kritik an gegenwärtigen abendländischen Verhältnissen, die die Schriftsteller aus guten Gründen lieber nicht direkt darstellen. Eine kritische Einstellung zur Herrschaft wird schon vorausgesetzt, an vielen Punkten des Normalverhaltens als die für den Bürger selbstverständliche Haltung befestigt. Die Wirkungsabsicht des Stückes ist nicht dramatischer Art, kein kämpferischer Zusammenstoß mit dem Feudalabsolutismus, welcher in dieser Zeit von den beschränkten deutschen Verhältnissen aus noch kaum als ablösbar gesehen wurde. Das Stück zielt vielmehr auf einen Erfolg durchs Räsonnieren: die Spaltung in Nationen oder Territorien wie in Religionen, die sich von Deutschland aus als ein Haupthindernis für den Aufstieg der bürgerlichen Klasse erwies, wird in ihren unnötigen, vernunftwidrigen Erscheinungsformen angeprangert. Ihre Tauglichkeit für die Aufrechterhaltung der anachronistischen Herrschaft wird wenigstens ansatzweise demonstriert, und breit wird das Mitmachen der Spaltung durch die getäuschten Bürger und ihre Verbündeten als ein Verhalten gegen ihre Interessen durchgespielt und entlarvt.

Das Subjekt des angestrebten Lernprozesses ist das bürgerliche, mit sich und seinen „wahren“ Interessen identische, aber teilnehmende, gerade zur Solidarität herausgeforderte Individuum. Trotz 10 Jahren Sturm und Drang, trotz der Shakespeare-Rezeption in Deutschland, die Lessing mit propagiert hatte und die inzwischen zur Shakespeareomanie geworden war, erscheint das Volk ebensowenig auf der Bühne wie in früheren Lessing-Stücken. Im Haus des Reichen, im Palast des Sultans und in den philosophischen Wandelszenen im Freien kommt das geknechtete, gedemütigte, geprügelte, ausgesogene, noch acht Jahre vorm Nathan massenhaft dem Hungertod preisgegebene Volk der Bauern, Soldaten, Handwerker, Taglöhner und Bettler nicht vor. In den Gesprächen selbst erscheint es als gleichbleibend ausgesogene oder almosenbedürftige Masse. Dennoch ist die exemplarische, mit Eliteexemplaren arbeitende Darstellungsweise keine Entscheidung gegen das Volk (22). Das handlungsfähige, vernünftige, mit praktischer Konsequenz denkende und redende Individuum wird mit historischer Notwendigkeit aus den begüterten Schichten des Bürgertums genommen. Ob sich in der Wahl des Kaufmanns, nicht des Manufakturiers oder Bankiers, eine konservative Einheitsvorstellung vom Bürgertum oder schon ein Vorbehalt gegen die Sonderinteressen der kapitalistischen Akkumulateure innerhalb der sehr viel breiteren bürgerlichen Klasse ausdrückt, bleibt noch zu erörtern. Dieser Typ des Bürgers jedenfalls wird den bürgerlichen Lesern nicht in seinen Geschäfts-, sondern in seinen Klasseninteressen zur Identifikation dargestellt: im Widerspruch gegen weltlichen wie geistlichen Despotismus, in der Abwehr von Angriffen auf seine Familie und die in die Familie aufgenommenen Hilflosen. In der Frage der richtigen, notwendigen Identifikation differiert Lessing von Diderot, dessen Programm des bürgerlichen Dramas er sonst weitgehend zustimmte. Nicht Stände sollen in den handelnden Personen konzentriert werden, sondern die eigenen, dem Normalbürger zugänglichen und von ihm benötigten Erfahrungen. Die eigene Sache, nicht ein fremd gegenüberstehendes oder in verschiedene Sparten abgetrenntes Interesse soll in den dramatischen und ebenso in den Diskussionsverhandlungen auf dem Spiel stehen. Ein wenig verwirrt, doch immer noch zu erkennen, ist diese klare Frontstellung dadurch, daß das neue Glied der großen Menschheitsfamilie, der edle, mutige, gradlinige, von den Europäern seit den Kreuzzügen in mancher Hinsicht bewunderte Muselmann, zugleich der Herrscher ist, gegen den die Bürger in einem unüberbrückbaren Gegensatz standen. Saladin kann die ihm als Person zugeschriebene Güte natürlich nur durch eine integre, als äußerst edel und gerecht hingestellte Herrschaftsausübung bekunden. Aber er ist qua Amt eben doch der Fürst. All seine Musterhaftigkeit wird nirgends dazu eingesetzt, die harte, brutale, bedrückende Realität des Feudalabsolutismus vergessen zu machen oder zu verklären.

Mit dem Philosophen und Wahrheitssucher auf dem Thron hatte Lessing persönlich wie als anteilnehmender Zeitgenosse ganz bestimmte, äußerst negative Erfahrungen gemacht. Von Friedrich war zu dieser Zeit weit über seine Lande hinaus bekannt, wie er die Philosophie zur Steigerung seines Selbstgefühls, die Toleranz aber zur Auslieferung aller Religionsgruppen an jeweils ihre Pfaffen und Jesuiten zwecks Erhaltung ihrer Untertänigkeit und Verhinderung der Desertion gebrauchte. Auch den Schmucktitel des orientalischen Herrscherlobs „Verbesserer der Welt und des Gesetzes", den Saladin sich in einem Religionsgespräch verdienen will, könnte Friedrich in der Konversation und für irgendwelche bei seinem französischen Publikum vorzeigbaren Zusatzleistungen beansprucht haben, während er in seinen tatsächlichen Regierungsgeschäften und Kriegshandlungen keinen solchen Ehrgeiz entwickelte. Daß Saladin tapfer gegen die christlichen Eindringlinge kämpft, jedoch die verschiedenen ansässigen Bevölkerungsgruppen schützt, erhebt ihn über die viel wankelmütigere Politik Friedrichs und der meisten Groß- und Kleinherrscher in Deutschland. Aber mindestens das Primat der Erhaltung des eigenen Landes und seiner Bevölkerung über alle außenpolitischen Abenteuer war bei den etwas größeren Fürsten, die es nicht nötig hatten und sich nicht leisten konnten, ihre Untertanen zu vertreiben oder als Soldaten außer Landes zu verkaufen, ebenfalls anerkannt. Als bedürfnislos für die eigene Person hätte sich auch Friedrich bezeichnen können. Daß er allerdings freigebig bis zum Staatsbankrott gewesen sei, hätte ihm nicht nur keiner seiner ebenfalls oft verzweifelten Schatzmeister, sondern nicht einmal sein ärgster Feind nachsagen können (23).

Die Verklärung des Herrschers, die zweifellos stattfindet, macht aus ihm kein Ideal, das den äußerst unidealen Herrschergestalten des damaligen Deutschland zum Lernen oder zur Beschämung vorgehalten würde. Daß Herrscher als weise, edel, gerecht, großmütig usw. gelobt wurden und, wenn der geeignete Lobredner wie an Saladins kargem Hof fehlt, sich selber lobten, verstand sich von selbst. Es änderte aber nichts an ihrer erstickenden, egoistischen, ungerechten, oft kleinlichen und gehässigen Politik. Auch die Konstruktion, einen Mitfreimaurer und schließlich einen Freund auf dem Thron zu wissen, führt nie zu der Illusion des Mitregierens, des Hineinredens in die Politik dieses praktisch denn doch sehr zugeknöpften Herrschers. An eine „Fürstenerziehung" konnte Lessing nach seinen gründlich negativen Lebenserfahrungen nicht glauben.

Überdies ist die strahlend aufgeklärte Person Saladins nur der geringere Teil der Herrscherdarstellung. Wichtiger als seine persönlichen Qualitäten sind die objektiven Aufgaben seines Herrscheramtes. In ihnen überragt Saladin seine Kollegen im 18. Jahrhundert nicht sonderlich, ist lediglich, wie es von Friedrich aus seinen ersten Regentenjahren berichtet wird, stärker bedrückt, weil er es weiß und höhere Ansprüche an sich stellt. Der Krieg selber ruht zwar. Wir erfahren nur ritterliche Kriegsbereitschaft samt humanistischem Friedensangebot und etwas von den weitgehenden Verschanzungen gegeneinander. Als letzte Kriegshandlung aber wird berichtet, daß Saladin, wie gewöhnlich, sämtliche Kriegsgefangenen außer einem köpfen ließ. Das ist ein starker Affront auch für das 18. Jahrhundert, obgleich diese direkte Grausamkeit durch die perfideren Methoden mancher fürstlichen Soldatenverkäufer womöglich noch überboten wurde. So strich Lessings Dienstherr Karl Wilhelm Ferdinand von Braunschweig für die an die Engländer nach Amerika verkauften Landeskinder nicht nur jährliche Subsidien, sondern auch noch eine Kopfprämie für jeden Gefallenen ein und schützte sich mit Erfolg dagegen, daß die Verwundeten, dann zu einem beträchtlichen Teil Verkommenden zurückgebracht würden, wo er sie hätte versorgen müssen (24). Die eine Begnadigung übt Saladin aus rein persönlichem Motiv, um einer Familienähnlichkeit willen. Aber nicht nur diese Willkür und Unberechenbarkeit wird reflektiert, die den begnadigten Tempelherren seither ausgesprochen verstört hat. Auch die Unzuverlässigkeit des Fürsten darf in diesem Gemälde nicht fehlen. So sehr Saladin momentan von dem unbekannten Neffen beeindruckt war, er hat bald darauf ihn und alles, was er mit ihm vorhatte, „ganz vergessen" (III,7). Impulsiv und hastig ist er, und obgleich er damit die erfreulichsten Familienbeziehungen und Freundschaften knüpft, wußten die Bürger, für die Lessing schrieb, doch zu genau, daß sie sich von einem geregelten, verfahrensmäßigen Regierungsgeschäft mehr versprechen konnten als von den spontanen Einfällen ihrer Despoten.

Undienstbare Hinnahme der feudalen Herrschaft

Ist die Darstellung Saladins zwiespältig, aus großem Enthusiasmus und kleinen, aber durchschlagenden Hinweisen auf die unideale Realität zusammengesetzt, so ist das ihm gegenüber empfohlene Verhalten ganz eindeutig. Zweifellos müssen die Untertanen ihn loben, ihm Anerkennung bis zur Huldigung, Gehorsam und, wenn sie haben, (aber im Hintergrund auch die vielen, die wenig oder nichts haben), ihr Geld darbringen (28). Nur trauen sollen sie ihm nicht. Sie sind seiner Macht ausgeliefert, haben in dieser Situation — wie sie Lessing noch 10 Jahre vor der Großen Französischen Revolution gegeben sah — keine reale Aussicht und nicht einmal den Wunsch, seine Herrschaft abzuschütteln. Aber sie sehen seine Macht als die ihnen fremde Macht. So sehr sie zur Kooperation und sogar zum freiwilligen Entgegenkommen genötigt werden, so wenig kommt es ihnen in den Sinn, ihre eigenen bürgerlichen Interessen mit seiner Herrschaft oder Gnade oder Milde zu verknüpfen. Nathan liefert sein Darlehn nur ab, sinnlich in den Palast und in die Hände des Sultans. Er bekommt keinerlei Monopole oder Privilegien dafür, keine Zusicherungen für den Schutz oder die Förderung des Handelns. In dieser prinzipiellen Trennung, der Unzugänglichkeit der fürstlichen Herrschaft wie der Steuerkasse für die eigenen, nicht erst vom Fürsten gesetzten Interessen der Bürger spiegelt sich die abgeschwächte, dynastisch verkrüppelte Form, in der das Merkantilsystem in die deutschen Staaten eingeführt wurde. Während der Merkantilismus in den fortgeschrittenen westlichen Nationen auf dem ökonomischen und sich auch politisch auszahlenden Bündnis des Königtums mit dem selbständigen, nach Marktgesetzen und eigenem Bereicherungstrieb wirtschaftenden Bürgertum beruhte, zielte seine strikt reglementierte, „kameralistische" Verwirklichung in den meisten deutschen Fürstentümern (eine relativ starke Ausnahme bildete allein Sachsen) primär auf die Bereicherung der Staatskasse und bediente sich des Unternehmerfleißes, Investitionsgeistes und Handelsingeniums der Bürger (die im übrigen durch Akzise und Regie weidlich geschröpft wurden) nur ge-

rade so weit, wie sie einen von den Wirtschaftskammern der Höfe vorgesehenen Platz ausfüllten (29).
Ein gesundes Mißtrauen ist deshalb die Grundlage, auf der aller Verkehr mit dem Fürsten ruht, selbst wenn er intensiv wird und sogar freundschaftliche Formen annimmt. „Was ist für einen Großen denn zu klein?" (III,6) Bei aller Idealisierung in der Zeichnung dieser Großen wird der Grund für das Mißtrauen deutlich genug eingezeichnet. „Was braucht es mit den Schwachen für Gewalt, als ihre Schwäche?" (II,3). Ein echt Lessingsches Thema schneidet Al-Hafi an. Die von Saladin seines näheren Umgangs gewürdigt werden, sie sollen nicht nur seine glänzenden Seiten betrachten, an deren Lob von allen Seiten nicht gespart wird, sondern ihn empirisch näher ansehen, auch den Gebrauch seiner intellektuellen und moralischen Fähigkeiten in seinem Amt einschätzen. Er gibt Nathan seinen Bericht über seine ganze Enttäuschung durch Saladin, seinen Entschluß, von ihm wegzulaufen, mit der ausdrücklichen Absicht, daß Nathan selber sieht, „was für ein Kopf er ist" (II,9). Einen „großen, anschlägischen Kopf" müssen sich die Bürger nach Lessings Erfahrung bei weitem nicht auf den Thron wünschen (30). Aber von einem spontaneistischen, gutherzigen und unzuverlässigen Feuerkopf haben sie auch nichts Gutes für sich zu erwarten. Nathan selbst bestätigt die gleiche Skepsis durch das gegenteilige Verhalten: er möchte lieber den allgemeinen guten Ruf Saladins glauben als ihn selber näher ansehen (II,7).
Ausdrücklich diskutiert wird die kritische Vorsicht gegenüber dem Absolutismus, der seinerseits auf die Bürger mit permanenten Forderungen und einem gewissen Maß an Einverleibung ausgriff, an einem entscheidenden Punkt: an der Übernahme eines höfischen Amtes durch einen Bürger. Sie scheitert im vorliegenden Fall an der Integrität des Derwischs. Al-Hafi kann die Ungerechtigkeit der scharfen Besteuerung Hunderttausender zugunsten weniger, die Sorglosigkeit bei der Bestimmung der Begunstigten, den Schlendrian in der Finanzpolitik und die Geheimniskrämerei zwiscnen den verschiedenen höfischen Kassen nicht länger ertragen. Er gibt sich jedenfalls nicht länger zu ihrem Werkzeug her. Die Konsequenz des prinzipiellen Verzichts auf ein solches Amt wird zwischen ihm und

Nathan durchaus kontrovers diskutiert. Sie läßt sich nicht zur Regel machen, denn zum einen waren die Fürsten auf bürgerliche Fachleute insbesondere für ihre Finanz- und Wirtschaftskammern angewiesen, zum andern mußten sich die Bürger die öffentlichen Ämter (das waren überwiegend die bei Hofe) verstärkt und gegen verschärfte Restriktionen wie vor allem unter Friedrich erkämpfen. Aber mit großer Eindringlichkeit, als Folge eines nachträglich offengelegten Lernprozesses wird die Illusion angegriffen, durch Übernahme eines höfischen Amtes die Amtsführung im Sinne der Betroffenen verbessern, sie beschönigen oder das Beste draus machen zu können. „Was? es wäre nicht Geckerei, an solchen Geckereien (der Steuerausplünderung des Volks zugunsten einzelner), die gute Seite dennoch auszuspüren, um Anteil, dieser guten Seite wegen, an dieser Geckerei zu nehmen?" (I,3). Die schädliche integrative Wirkung dieses frühen Reformismus, der schon damals, schon als Aufweichung der bürgerlichen Strategie gegenüber dem Feudalabsolutismus mit Versprechungen einer besseren gegenüber einer schlechteren Seite am anerkannten gesellschaftlichen Übel arbeitete und durch diesen moralischen Zugang die getäuschten Bürger dann doch an das ganze unteilbare Übel verkaufte, diese bis heute aller Aufmerksamkeit werte Selbstüberredung zum freudigen, überzeugten Mitmachen an der volksfeindlichen Praxis der Herrschenden wird mit aller Schärfe herausgestellt. Die Alternative, das von anderen ausgehaltene mönchische Dasein, wird ebenso relativiert, wenn auch mit großer Sympathie und verbaler Anerkennung aufgenommen. Aber gerade für die in der Gesellschaft bleibenden Figuren, die es unvermeidlich mit dem Herrscher noch länger „aushalten" müssen, gilt die Erfahrung des Derwischs als Warnung vor Illusionen, die sich für politisch machtlose Bürger und gegenüber einem umgänglichen, menschenfreundlichen Despoten immer neu einstellen.

Ist die Herrschaftskritik des Derwischs mohammedanisch frei und heftig (jedenfalls außerhalb des Palastes; vor Saladin hat er einige Gewundenheit und Verstellung nötig), so ist die Kritik des Klosterbruders an seiner herrschenden Behörde, am Patriarchen, christlich gedrückt, verinnerlicht und doch durch seine Verschmitztheit nicht weniger wirkungsvoll. Die beiden werden in der Germanistik als „Episodenfiguren", allerdings wichtige und sprechende, geführt. Aber nicht die bloße Entlastung von Aufgaben der Handlung oder Durchführung eigener Intentionen ermöglicht die an ihnen bewunderte Offenheit und ihre unerwarteten Treffer ins Schwarze der zeitgenössischen Realität. Vor allem gehören sie nicht mit zu der großen Familie, die die theologische These des Stückes veranschaulichen soll und deshalb eine ideale Harmonie zwischen lauter aufeinander eingehenden Individuen herzustellen hat. Sie halten sich (wie die Dienerfiguren der älteren Komödie) näher an der unidealen Realität auf. Sie zeigen ungeschminkt die Tücken der Herrschaft, aber auch den unheroischen, nur einfach „graden", individuellen Widerstand von Figuren aus dem Volk. Der Klosterbruder hat es mit einer besonders grausamen, undurchschaubaren Herrschaft zu tun, bei der geistlicher Anspruch und weltliche Machtgier samt Verschlagenheit und Prunksucht eklatant auseinanderfallen. Durch die „Einfalt" seines mönchischen Gehorsamsbegriffs ist er dem Vorgesetzten total ausgeliefert; er dient der Schurkerei ohne Widerspruch. „Wir Klosterleute sind schuldig, unsern Obern zu gehorchen" (I,5). Bei der gar nicht in Frage gestellten Befehlsausführung aber findet er Wege von der Qualität des Schwejkschen unfaßbaren Widerstands, um die beabsichtigte Wirkung des Befehls in ihr Gegenteil zu verkehren. Gerade indem er nichts als den Willen und die Meinung seines Oberen wiedergibt, selbst völlig dahinter zurücktritt, bringt er nicht nur die große Macht des Patriarchen als eine Gewissens- und Überzeugungsmacht, seine Unerschöpflichkeit an Argumenten auf jeden Einwand, sondern auch die Fragwürdigkeit all dieser Argumente, ihre Entferntheit von den berechtigten Fragen lebender, miteinander handelnder und einander verpflichteter Menschen zum Ausdruck. Er hat selbst angeblich keine Meinung, ist später auch nicht bereit, in eigener Person etwas zu entscheiden oder auch nur als Ratgeber sich an die Stelle seines Vorgesetzten setzen zu lassen (IV,1). Aber während er die ganze Litanei von geistlichen und äußerst zynischen Begründungen herunterbetet, versichert er dem Tempelherrn im Zwischentext, mit der stereotypen Distanzierung „meint der Patriarch", daß er, der auf diese Begründung sichtlich nicht selbst gekommen ist, sie der Reihe nach vom Patriarchen vernommen hat, also im Vorgespräch mit diesem auch sämtliche Einwände des Tempelherrn schon vertreten hat. Die „gute Haut" will sich ebenfalls aus der argen Welt zurückziehen in eine versprochene Einsiedelei. Aber Bonafides versteht es, sich schon innerhalb der Welt dem Zugriff seines Oberen, der ihn zu seinem Instrument machen will, zu entziehen. Seine Einfalt demonstriert die Technik der moralischen und dabei unangreifbaren Sabotage. Er findet nicht allein für seine Person diesen listigen Ausweg, wie es gern hingestellt wird. Er erweist sich mindestens im Gespräch mit Nathan (IV,7) als ebenbürtiger Lehrmeister des praktischen und strategischen Realismus: „Das Schlimme" in dieser Welt ist das einzige, was wir „so ziemlich zuverlässig kennen". Von diesem Schlimmen aus, zu seiner Verhütung oder Eingrenzung müssen die Bürger ihr Handeln leiten lassen. Das „Gute" dagegen, auf das die geistliche ebenso wie die weltliche Gewalt uns mit den höchsten Versprechungen oder Drohungen festlegen will, ist „bei weitem" weniger bekannt. Der Realist soll ihm mißtrauen, sich lieber nicht darauf einlassen, jedenfalls nichts Gutes von ihm erwarten, da es „zu nah" an das bekanntermaßen, für jeden Bürger sichtbar Schlimme grenzt.

Bürgerliche Gleichheit im Kampf gegen Privilegierung und Spaltung

Gegen die „Großen" der Welt führt Lessing im Nathan einen durchweg defensiven, aber doch unnachgiebigen Kampf. Er prangert besonders jede Bestechlichkeit an, jede intellektuelle und moralische Einverleibung in das System der feudalistischen Herrschaftsausübung. Er verwirklicht in den Positionen der Vorsicht, des versteckten Widerspruchs, des vorbehaltvollen Auskommens mit dem Machthaber und des Davonlaufens seine schon in einem frühen Sinngedicht als Grabspruch aufgetellte Devise: „Niemals Herr noch Knecht" (31). Es war damals die Position einer „Privatperson"

— Brecht z. B. muß sie, ehe er gerade aus dieser Absage an aktive und passive Beherrschung einen Teil seines Einheitsfrontliedes machen kann, ausweiten und konkretisieren auf „den Menschen" überhaupt, der Bedürfnisse hat und zu ihrer Befriedigung einer Klassenstrategie bedarf (32). In Nathan ist der gleiche kämpferische und entschiedene Freiheitsdrang, obgleich das Einzelkämpfertum als seine konsequenteste Verwirklichung in den Vordergrund geschoben ist, mindestens ansatzweise auch vergesellschaftet. In einigen Gesprächen mit ausgesprochenem Beratungscharakter wird er thematisiert und vorsichtig zu einer gegenseitig abgestüzten Verhaltensstragie entwickelt.
Mit den „Größeren" dieser Welt, den Adligen, Bevorrechteten, den „inneren Aristokraten" kann Lessing weit offensiver umspringen. Die „Gleichheit" wurde in den Freimaurerlogen, in Braunschweig wie in Hamburg und überall, mit viel mehr Pathos, auch mehr Aussicht auf reale Wirkung verfochten als die ebenfalls zum Programm gehörige „Freiheits"forderung, die sich dort nur auf die Fälle der krassesten persönlichen Unfreiheit, die Negersklaverei, bei sehr fortgeschrittenen Vertretern auch die inländische zweite Leibeigenschaft erstreckte (33). Der Kampf gegen die Aristokratie und ihre jeder Vernunft Hohn sprechenden Vorrechte war gewissermaßen gekappt und dadurch ideologieträchtig. Die wirklich hohen, reichen, regierenden oder wenigstens über Gerichtsbarkeit und Polizei verfügenden Herren werden nicht oder äußerst selten an der Elle der bürgerlichvernünftigen Gleichheitsforderung gemessen. Ihre Sonderstellung gilt als außer Konkurrenz, dem „Glück" geschuldet. Gegen die immerhin vorhandenen Bestrebungen der Vernunft, sich mit den Gründen des materiellen Glücks, der ungerechten Güterverteilung zu beschäftigen, gab es zahlreiche und äußerst handfeste Erkenntnishemmungen. Hartnäckig kritische, an den materiellen Grundlagen der Gesellschaft ansetzende Gestalten wie Edelmann und später Bahrdt wurden massiv verfemt, das Tabu über sie und ihre Forderungen auch mit Wirkung bei den meisten anderen Aufklärern verhängt. Um so energischer konnte sich die Aufklärung gegen die Ungleichheit zwischen den Ständen unterhalb der bestimmenden Kaste wenden: gegen den gesellschaftlichen Vorrang

der Adligen überhaupt, in mutigen Ausnahmen auch gegen ihre Steuerbefreiung, gegen den Dünkel der „alten Familien", Gewohnheitsrechte von alteingesessenen „Geschlechtern" auf dem Land wie im städtischen Patriziat, die Allüren von Emporkömmlingen und Karrieristen. Lessing stand in einem lebenslänglichen Kampf gegen das „Einbildungs"-wesen, als das er die ständischen Privilegien vorrangig behandelte. Im Nathan bringt er nicht nur viele seiner Spitzen und Mahnungen zu einer einleuchtenden Gesamtkonsequenz, sondern schafft damit auch die Grundlage von konkreten, anschaulichen, kritisch gewogenen gesellschaftlichen Beziehungen, um seine theologische These zu untermauern.
Die Abgrenzung des Gleichheitsspielraums nach oben wird ganz in der Sprach- und Gedankenregelung der konventionellen legalistischen Aufklärung mitgemacht. „Der große Mann braucht überall viel Boden" (II,5), er läuft hier in der Tat außer Konkurrenz. Der Herrschafts- und Ausdehnungsdrang der „Großen" wird wie eine Naturkraft angesetzt, mit der man rechnen muß. Die Gärtner der Menschheit tun am besten, diesen geltungsbedürftigen Herren (als Bäumen) den benötigten Spielraum zu geben, sonst zerschlagen sie „sich" nur die Äste. Lessing wußte nach drei miterlebten Kriegen, wie die zerschlagenen Äste in Wirklichkeit sind. Nach unten ist der Spielraum weniger deutlich begrenzt, verläuft in einer Art von Grauzone. Jeder Bettler z. B. wird deklariert als „vom Hause" Saladins, aber nur in Worten. Die wirklichen Bettler gehören denn doch nicht zu seinem Hause, die „wahren" Bettler wie Al-Hafi halten es bei ihm nicht aus. Die Diskussion der Gleichheit, die Durchsetzung des „Vertragens" gegen Mäkelei aneinander und Einzigkeitswahn wird in der Zwischenzone ausgetragen, beim „Mittelgut, wie wir". Mustergültig geschieht das in der gleichen Begegnung mit dem Tempelherrn (II,5), in der Nathan diese Grundsätze aufstellt. Der reiche, überlegene, aber persönlich verpflichtete und äußerst bemühte Bürger bringt den mittellosen, ausgesprochen schnöde daherredenden Ritter dazu, daß er sich schließlich als „Mensch" begreift, auch Juden menschlich begegnet. Der Ritter ist freilich kein typischer Aristokrat. Er ist innerlich schon der Aufgeklärte, der Kritiker an aller „Menschenmäkelei", zu dem Nathan

ihn gewinnen will. Er ist nur durch seine Gefangennahme und Begnadigung, durch die Unsicherheit, mit welcher Perspektive er hier leben soll, durch die daraus resultierende ausgesprochen „moderne“ Grille, daß er mit seinem Leben überhaupt nichts anzufangen weiß, in eine hochgradige Vereinzelung geraten, die sich als abweisende und deshalb beleidigende Haltung gegen jedermann äußert (s. I,6). Lessing stellt durch Nathan zum einen heraus, daß auch die Unfreundlichkeit von an sich aufgeschlossenen Menschen gegeneinander die gleiche Spaltung hervorruft oder wieder einsetzt, die die eigentlich überholte, von fortschrittlichen Adelsvertretern aufgegebene institutionelle Absonderung eines adligen Standes zum Inhalt hatte. „Stolz“, Verachtung, Demütigung des Mitmenschen, „Größe und Abscheulichkeit“ werden als „rauhe Tugend“ dieses „Sonderlings“ angeprangert: es sind insgesamt die Tugenden des übermütigen Adels. Zum anderen propagiert Lessing in der gleichen Szene die reine Gewinnungs- und Überzeugungsstrategie gegenüber den Adligen. Der bewiesene gute Wille, die Praxis, die den Tempelherrn als richtig handelnden Menschen, nicht als Anhänger eines besonderen Ordens ausweist, diese Momente der Gemeinsamkeit werden im Gespräch mobilisiert und mit der Aufdringlichkeit der guten Sache gegen die Tendenz zur Beziehungslosigkeit durchgesetzt. Die Propaganda der Menschengemeinschaft über die trennende Gruppenzugehörigkeit hinweg ist korrekt mit der Agitation verbunden, die dem anderen zusetzt und nicht locker läßt, bis er Stellung nehmen muß, also über die „Schale“ von oberflächlich-distanzierenden „Wendungen“ zum „Kern“, der gemeinsamen Sache vorstößt. Ein Musterstück der progressiven bürgerlichen Agitprop.

Die Beziehung zu den Herren vom Adel wird also unterhalb des Klassengegensatzes, der vor allem gegenüber ihrer absolutistischen Herrschaftszentrale festgehalten wird, und unter Aussparung der materiellen Grundlagen der Macht auch der einzelnen Feudalherren nicht als Macht- und kaum als Rangfrage, nur als Problem der Gesinnung und des Verhaltens behandelt. Der Herr von Filnek oder Stauffen hatte nie über etwas oder jemanden zu gebieten. Er hat nur von seinen adligen Verwandten, bei denen er als

Waise aufwuchs, und von seinem Orden die handwerkliche und ideologische Normalausstattung des Ritters/Kreuzfahrers mitbekommen. Die Militanz des Glaubensstreiters zerbricht, mit Unterstützung seiner persönlichen Erfahrung von Gefangenschaft und Begnadigung, an der (aus der Perspektive des 18. Jh. zusammengefaßten) Erfahrung der historischen Situation, der „frommen Raserei", durch die auch der „Stolz" der Völker der Religionen gegeneinander verurteilt wird. In seiner Selbstrechenschaft (III,8) bezeichnet der Tempelherr die „abgelegten" Vorurteile sogar als „eingeplaudert". Der Rest von persönlichem Hochmut wird zu Recht als ein bloßer Widerspruch im Volk behandelt und mit durchschlagendem Erfolg, obgleich nicht ohne Rückschläge gelöst. So erscheint der Kampf der Bürger gegen die Aristokratie zum Teil als moralisches Konkurrenzverhältnis (durch das die reale wirtschaftliche Konkurrenz mindestens in der Frage der angebotenen „Nutzung" des bürgerlichen „Reichtums" hindurchscheint), z. T. als langfristige, in der dialogischen Entwicklung zusammengeraffte, Erziehungsaufgabe.
Als direkt pädagogisches Programm spielt die Gleichheitsforderung auch zwischen den Bürgern eine wichtige Rolle. Lessing ist scharfsichtig genug, die großen Spaltungserscheinungen in der unterdrückten und aufsteigenden Klasse selbst wahrzunehmen und anzugreifen. Freilich bekommt er hier, dank der familiären Intimität und durchgehenden Gutherzigkeit seines dramatischen Personals, nur eine abgeleitete ideologische Erscheinungsform der an sich sehr handfesten aristokratischen Gelüste der aufsteigenden Bürger zu fassen, unter die auch die in Bequemlichkeit aufwachsenden Söhne und Töchter der ursprünglichen Akkumulateure fallen. Rechas Glaube an ihren Privatengel, der etwas Besseres sein soll als ein normaler Mensch, wird von Nathan ausdrücklich als aristokratischer Dünkel gekennzeichnet und mit einem unverhältnismäßigen Großaufgebot von pädagogischen Impulsen zur eigenen Einsicht bekämpft (I,2). „Der Topf von Eisen will mit einer silbern Zange gern aus der Glut gehoben sein, um selbst ein Topf von Silber sich zu dünken." Die zugrundeliegende Schwärmerei führt Nathan, nicht an seiner lieben Tochter, aber generell, auf eine

„Schlaffheit“ des Schwärmers, eine mitunter unbewußte, also etwa durch den Schonraum der zweiten Generation habituell gewordene, Unlust zur praktischen Tätigkeit zurück. Dieser Dünkel bekommt seine gefährliche Konsistenz nicht aus der bloßen gesellschaftlichen und natürlichen Kondition, sondern wird geschürt und befestigt durch eine Zusatzinstitution, die christlichen Glaubenssätze, die im Verlauf der Szene sowohl durch ihre selbstsüchtige Agentin wie durch ihren erfahrungskonträren Dogmatismus diskredidiert werden.

Die religiöse Spaltung, die Befestigung von Abgrenzungen ganzer Völker und Volksschichten gegeneinander verschärft hier wie im ganzen Stück die Ungleichheit, die volksfeindliche Konkurrenz, so wie die Herrschaft im Namen der Religion auch die absolutistische Herrschaft noch stützt und zuspitzt. Die Anmaßungen der Religion stehen deshalb in diesem Toleranzstück zu Recht an der vordersten Front der Kritik. Aber auf dem Hintergrund der Auseinandersetzung mit dem Absolutismus und Feudalismus, die in realistischen Andeutungen das ganze Parabelstück und Menschheitsfamilienmodell durchzieht, läßt sich auch der Kampf gegen den Dogmatismus und Klerikalismus als Zeugnis des bürgerlichen Klassenkampfes in einem damals vordringlichen Überbaubereich begreifen, nicht als Verkündigung einer ewig richtigen und rein menschlichen, deshalb heute etwas angestaubten „Weisheit“.

Weltliche und praktische Religionskritik

Der Leser solle „an der Evidenz und Allgemeinheit seiner Religion zweifeln lernen“, formuliert Lessing das erhoffte Wirkungsziel seines Nathan (34). Die Kritik setzt nicht an der Bestimmtheit und einzelnen Inhalten irgendeiner Religion an — der mit Grauen beschriebene „verfallene Christentempel“ (V,6) wirkt so abstoßend nur auf Recha, die von der „Schwärmerin“ Daja hineingenötigt wurde, während er für Daja anscheinend nichts Befremdliches hat. Die Festigkeit und Überzeugtheit, mit der der einzelne wie der „grade, fromme, liebe“ Klosterbruder oder die Mamelucken des Sultans für sich selber von ihrer Religion überzeugt sind, wird nicht angetastet. Nur die Behauptung der eigenen Überzeugung als „allgemein" gegenüber anderen, die Einbildung, den „einzig wahren Weg nach Gott" zu wissen (V,6), die Bekehrenswut wird kritisiert, und zwar in ihrer „schwärzesten Gestalt" (II,5). Die Kreuzzüge bilden nicht nur den offensichtlichsten bösartigsten Ausdruck der „Menschheitsmäkelei", womit sie der Tempelherr aus dem persönlichen Fehler der Unverträglichkeit, als seine Übertragung auf ganze Völker zu erklären sucht. An den Kreuzzügen läßt sich auch, viel deutlicher als an der (in die Vergangenheit verlegten) lokalen Entladung der Verhetzung gegeneinander, an dem Progrom, dem Nathans Familie zum Opfer fiel, die Steuerung der „frommen Raserei" durch andere als religiöse Interessen nachweisen. Nicht die Völkerschaften unterschiedlichen Glaubens, nicht einmal ihre Krieger, Offiziere und Heerführer haben von sich aus, um ihres Glaubens willen ein Interesse, andere zu bekehren oder zu schlachten. Diese Barbarei wird vielmehr durch reine Machtinteressen ausgelöst und fortgeführt, die im Stück in der Gestalt des total verweltlichten Kirchenfürsten Heraklius verkörpert sind, hinter dem als ein Auftraggeber König Philipp sichtbar wird.

Im Patriarchen sind die beiden Kunstgriffe der machtmäßigen Verfügung über die Religion zur Reinheit gebildet, welche Recha, die als Jüdin oder vielmehr als Aufgeklärte erzogene Christentochter, am Christentum verabscheut: die Vorstellung von Gott als persönlichem Eigentum und von Gott als Kampfbefehl. „Was ist das für ein Gott, der einem Menschen eignet? der für sich muß kämpfen lassen?" (III,1). Der Patriarch ist der Kriegstreiber zur Wiederaufnahme der Kreuzzugsgefechte. Er ist der Chef einer Spionagezentrale und heuert, nicht anders als die CIA heute, die zugehörigen Meuchelmörder selbst an. Er wäre, wenn er es könnte und nicht die ihm verliehene Macht wie auch sein Untersuchungsbeauftragter ihn in diesem Fall im Stich ließen, der grausam-bürokratische Vollstrecker einer älteren Vollmacht, nach der die Kirche selbst zum Scheiterhaufen verurteilen konnte. Er sucht, wo immer er hineinreden kann, jedes berechtigte Interesse zu überrumpeln oder übertrumpfen. Allerdings verfährt er dabei so massiv, daß selbst der rasche unvorsichtige Tempelherr sogleich gewarnt wird und daß sein bevorzugter „Stöber“ Bonafides längst dagegen immunisiert ist. Da die Substanz der kirchlichen Bürokratie reine Machtentscheidungen sind, dürfen wir uns durch den Schein, als ob der strahlende gerechte weltliche Herrscher dem finsteren Kirchenfürsten entgegengesetzt werde, nicht täuschen lassen. So wenig der Patriarch im Namen Christi regiert, so wenig herrscht er nur zum eigenen Nutzen. Wo die Kirche noch Einfluß ausübt, tut sie es, das ließ sich im 18. Jh. viel klarer erkennen als im 12., zur Unterstützung und Befestigung der staatlichen Herrschaft. Das Ausspielen der Religionen gegeneinander, worin zynische Herrscher wie Friedrich eine ziemliche Perfektion erreichten, war ein beliebtes Mittel zur Niederhaltung aller. Die Behandlung der Juden vor allem durch die weltliche, nur unterstützend durch die geistliche Obrigkeit war bis ins 18. Jahrhundert hinein (und wieder seit dem späten 19.) ein empörendes Exempel von Ausnutzung einer religiösen Etikette zu rein interessediktierten einträglichen Schikanen. Noch entschiedener wurden im 18. Jh. die Befreiungsversuche aus den Banden der Religion überhaupt geahndet, da diese Bande, (solange die feineren die Bestechung und des Opportunismus noch genügend entwickelt waren) zur Aufrechterhaltung des Gehorsams gegen die Obrigkeit für unerläßlich galten. Der Patriarch ist sicher, dem Sultan klar machen zu können „wie gefährlich selber für den Staat es ist“, wenn einer nicht mehr von Gott lernt, „als der Vernunft genügt“. „Alle bürgerlichen Bande sind aufgelöst, sind zerrissen, wenn der Mensch nichts glauben darf.“ Kirche und Staat lassen sich nicht gegeneinander ausspielen, das war schon die Hauptaussage in Lessings Fragment Soldaten und Mönche (35), in dem er einen Ansatz zur materialistischen Bestimmung ihres Verhältnisses macht: die eine wie der andere fressen uns auf. Im Nathan deutet er darüber hinaus noch die gegenseitige Verstärkung der beiden Herrschaftsinstrumente, die Wirksamkeit der Arbeitsteilung zwischen der gewaltsamen und der ideologischen Unterdrückung an. Die besondere Stütze der Macht, die die Religion, das Dogma, die krichliche Institution darstellen, ist deshalb für die Aufklärer besonders gut anzugreifen, aber auch ihres besonderen Angriffs wür-

dig, weil diese Stütze auf der inneren Zustimmung der Untertanen beruht. Da Lessing noch kaum die tatsächliche Unterwerfung unter die absolutistische Herrschaft und ihre vielen Behörden bekämpfen kann, aber sich scharf gegen die Kooperation und innere Übereinstimmung mit ihr richtet, ist diese wichtige Quelle der ideologischen Vereinnahmung zu Recht ein Hauptangriffspunkt seines Spätwerks. Wie seine Herrschaftskritik führt auch seine Religionskritik zu einer konsequenten Trennung der eigenen Interessen von dem letztenendes gegen das bürgerliche und Volksinteresse gerichteten Macht- oder Dogmenapparat. Deshalb richten sich seine theologischen Streitschriften, worauf Mehring mit großer Hartnäckigkeit hingewiesen hat und was in der Forschung bis heute übergangen oder heruntergespielt wurde, mit gleicher Schärfe und noch heftigeren Ausfällen gegen die anpassungsbereiten seichten Aufklärer, die die edle Vernunft zur Rechtfertigung oder gar Verschmelzung mit der Religion zurechtbogen, wie gegen die Orthodoxie, in der mindestens der Widerspruch zwischen Denken und Glauben festgehalten wurde. In der „Mistjauche" der dienstbereiten, harmoniebeflissenen Vernünftler würden nach Lessings Erfahrung die bürgerlichen Emanzipationsinteressen noch unfehlbarer ertrinken als im „unreinen Wasser" der kirchlichen Dogmatiker. Diese haben zwar Lessing in seinen letzten Lebensjahren, auch hier unter Einschaltung der weltlichen Autorität und ihrer Zensurgewalt, aufs Bösartigste zugesetzt, konnten aber seinen Widerspruch nicht brechen noch seine Vernunft zur freien Einwilligung ins Dogma oder zu einer Selbstinthronisierung in der Herrschaftsform (und noch vielem Zeremoniell) des Dogmas bewegen.
Im Nathan tritt freilich keiner von den seichten Aufklärern auf. Nur der Orthodoxe zeigt sich mit allen Unterdrückungsgelüsten (36). Aber gegen sein blutiges, korruptes Christentum wird, entsprechend Lessings Hauptkampflinie, die „zufällige Geschichtswahrheit" der Religion gesetzt und in ihrer Berechtigung wie ihrer Begrenztheit festgehalten. Nirgends wird gegen die noch so entartete historische Religion ein freies Vernunftprodukt aufgestellt, das die Stelle der Religion einnehmen könnte und die Vernunft damit notwendig kompromittieren müßte. Die Religion hat ihre Gestalt aus

der Geschichte, als Antwort und Weiterentwicklung der besonderen Lage eines Volkes, als eine wie auch immer verzerrte, überfremdete Ausprägung der Bedürfnisse, nicht aus der Vernunft und als Erfindung der Vernunft. Saladin verlangt in seiner Fangfrage die vernünftige Begründung von Nathans Religionsbekenntnis, als ob er es frei gewählt, ja zusammenräsoniert hätte (III,5). Er unterstellt, einem „Weisen" könnte der „Zufall der Geburt" nicht ausreichen, er müsse eine Entscheidung aus „Einsicht, Gründen, Wahl des Besseren" treffen. Er geht in diesem kahlen Vernunftsvertrauen so weit, daß er in Aussicht stellt, er werde sich durch bloße intellektuelle Beschäftigung mit den besseren Gründen auch die von Nathan als beste erkannte Religion zu eigen machen.
Als wäre er eine philosophisch erdachte bindungslose Denkmonade, nicht ein orientalischer, in der Religion seiner Väter erzogener, von Moslems als ihr Herr anerkannter und geprägter Sultan. Nathan hebt in seiner berühmten Antwort gerade diese geschichtliche Substanz der Religion hervor. Die verlangten „Gründe" findet er in nichts anderem als der „Geschichte selbst", in der gesellschaftlichen Herkunft, Erziehung und Konvention eines jeden. Die Frage des philosophierenden Fürsten nach der besten Religion bringt, als so vernünftig sie auch gelten soll, nichts als eine Verstärkung der orthodoxen Tyrannei eines Glaubens als des einzig richtigen. Ein Auskommen verschiedener Religionen miteinander läßt sich nicht durch Vergleich, Wechsel, Bekehrung befördern. Vieles Räsonieren oder Betrachten, auch Bereden des einen durch den anderen verschärft nur die Spaltung, führt zu unausräumbarem „Argwohn" und blutiger „Rache". Einzig das Geltenlassen, die Anerkennung der Verschiedenheit, die gegenseitige „Verträglichkeit" kann die „Tyrannei des Einen" brechen. Auch Saladin will nicht verlangen, „Daß allen Bäumen eine Rinde wachse" (IV,4). Mit der heutigen lauen oder gleichgültigen Toleranz jedoch, erst recht mit dem staatlich verordneten „Pluralismus" zum Schutze von gesellschaftlich und wissenschaftlich unhaltbaren Lehr- oder Herrschaftsmeinungen hat die „herzliche Verträglichkeit" des weisen Richters nichts zu tun. In der Parabel wie im Stück wird das Kriterium deutlich benannt, an dem sich jede Religion auf ihre Berechti-

gung muß überprüfen lassen: die Praxis. Weil es auf das Handeln, auf die Energie und Wirkung ankommt, mit der ein jeder der Kraft seines Glaubensprinzips „zu Hilfe kommen" soll (37), deshalb kann auch jede einzelne Religion kristalisiert werden, sofern sie nicht praktisch ist und nützt. Die nutzlose katholische Anbetung anstelle der tätigen Nächstenliebe wird scharf verurteilt (I,2). Das unproduktive, selbstgenügsame, zwecklose Dasein des Tempels wird mindestens persifiert, das Hungern und Wachen mit einigem Sarkasmus als „harte Arbeit seines Standes" hingestellt (38). Der Tempelherr seinerseits zieht mit noch mehr Bosheit gegen Dajas Bekehrungseifer zu Felde, in dem er eine Kompensation für ihre Unfruchtbarkeit sieht. Sie solle nur fortfahren, mit ihrer Erzeugung von Christen „den Himmel zu bevölkern, wenn Ihr die Erde nicht mehr könnt" (III,10).

Die ganze Weitererziehung des Tempelherrn besteht in der praktischen Lektion, daß die schönen Grundsätze, auf die er sich mit Nathan schnell einigt, als solche nicht ausreichen. Ihre Verwirklichung verlangt Arbeit, auch Arbeit an sich selbst und den eigenen Vorstellungen. Beim ersten Fall aber, in dem sie der Tempelherr in die Praxis umsetzen sollte, gerät er in ein äußerst unsolidarisches Verhalten, nahe an offenen Verrat. Statt sich aktiv um die Aufklärung des ihm unverständlichen Verhaltens seines Freundes zu bemühen, macht er aus dem Nichtverstehen sein Prinzip, gründet Anklagen und Verdächtigungen darauf. Nicht nur neidvolles Betrachten eines fremden angeblichen „Raubes" wird hier kritisiert, sondern ein ganzes Syndrom der Spaltung durch Anfälligkeit für Intrigen bloßgelegt: Das neugewonnene Mitglied des überkonfessionellen Freundschaftsbundes fühlt sich verraten, weil es glaubt, nur es soll auf seine Religion verzichten und der Freund halte heimtückisch gerade dort, wo es um Menschengewinnung geht, an seiner fest. Der Tempelherr fällt prompt in krasse Behauptung der Christenreligion und ihre Besitzstandsansprüche zurück. Er degradiert sich dabei bis zur Unmündigkeit, will gewisse Dinge „lieber schlecht nach anderer Willen machen" als nach dem eigenen gut. Er kommt als Ratsuchender zum „Pfaffen", was Bonafides ihm vorsichtig und nachdrücklich als Fehler ankreidet. In diesem Fall siegt sogar der alte Fuchs, der Orthodoxe, über den jungen Vernünftler, als der Templer vor ihm auftritt. Der Patriarch hat nicht nur Recht, daß sich solche Fälle nicht rein hypothetisch, sondern nur in ihrer Faktizität, unter Prüfung ihrer besonderen Umstände behandeln lassen. Er merkt auch trotz des Konjunktivs der Frage sogleich, daß dieser Fall in Jerusalem zu geschehen fortfährt. Der Tempelherr hat seinen Freund de facto, obzwar ohne Namensnennung, mutwillig verpfiffen.

Eine nötige Besserung geschieht nur noch im Vorsatz, in der Beschämung über die von ihm ausgelöste Verfolgung. Der Tempelherr ist in der Selbstabsolution ebenso rasch wie in der Selbstkritik unverbindlich: „Was sollt' ich eines Fehls mich schämen? Hab' Ich nicht den festen Vorsatz ihn zu bessern? Und weiß ich etwa nicht, wie weit mit dem es Menschen bringen können?" Lessing lag es nicht, eine moralische Lektion voll auszuwalzen. Er drängt nur darauf, daß das Prinzip der Praxis, auch in der Verfehlung, klar wird. Er bringt den zur Ehelosigkeit verpflichteten Templer durch sein Liebeserlebnis zur Erkenntnis vom entscheidenden Wert der Praxis, der Auseinandersetzung mit der Welt: „mit Männern lieber fallen, als mit Kindern stehn" (III,8). Die Zergliederung seines Liebeserlebnisses führt den anfänglichen Spontaneisten, der jede Regung der „Natur" gegen „spätre Fesseln" wie z. B. der Religion ausgespielt hatte (III,9), zur Anerkennung von Nathans Prinzip der geschichtlichen Prägung jedes Menschen durch seine Volks- und damit auch Religionszugehörigkeit: Recha bleibt durch ihre Erziehung jedenfalls eine Jüdin. Sie verdankt in ihrer konkreten Bildung fast nichts den christlichen Eltern, alles dagegen bis zum Reiz für ihn dem jüdischen „Künstler", der sie aufzog (V,3).

Die antidogmatische Wendung des Nathan ist knapp schon in einer Briefstelle aus den vorangegangenen Händeln um die Veröffentlichung der Fragmente zusammengefaßt: „Jeder sage, was ihm Wahrheit dünkt, und die Wahrheit selbst sei Gott empfohlen" (39). Mit dieser kritischen Intention, der Anheimgabe der Autorität an sich selber, womit ein Stück von Heines Spott schon vorweggenommen wird: „Den Himmel überlassen wir den Engeln und den Spatzen", liegt nun eine andere Tendenz im Widerspruch, die auf eine Überbietung der Religion durch die freieren Religiösen hinausläuft. Lessing wollte zeigen, daß es „unter allerlei Volke Leute gegeben, die sich über alle geoffenbarte Religion hinweggesetzt hätten, und doch gute Leute gewesen wären“ (40). Die „Güte“ dieser Leute beweist er nun duch eine Art von Übererfüllung der sittlichen Norm und damit auch des inneren Gottesdienstes. Darum gehört nicht nur „Sanftmut“, „Verträglichkeit“, „Wohltun“, sondern gehört auch „innigste Ergebenheit in Gott“ zum Idealprogramm der um Vollkommenheit wetteifernden Völker (III,7). Darum hat die „Vernunft“, als sie sich nach dem Schmerz über die von den Christen verbrannte Familie wieder regt, nichts Eiligeres zu melden als den Loyalitätssatz des Deismus: „Und doch ist Gott!“ (was der vorher mit Gott hadernde Hiob Nathan überhaupt nicht in Frage gestellt hatte). Daß Allah sich mit dem „Herzen“ des Sultans begnügen soll, ist nicht nur ein unfreiwillig komischer Modernismus, sondern auch ein Zugeständnis an den Pietismus, das die Konstruktion von der Gleichberechtigung der verschiedenen historischen Religionen stark aushöhlt. Nathans persönliche Befreiung aus der Enge des Judentums reicht genau so weit, daß er nach einer erfreulichen Nachricht sich wünscht, er könne „gleich hier unter freiem Himmel“ vor Gott auf die Knie sinken (V,4). Ebenso definiert er Rechas freiere Erziehung nicht nur als Kritik und Befreiung aus allzu engen religiösen Festlegungen, sondern — hier können sich die modernen „Mobilitäts“pädagogen doch einmal mindestens dem Wortlaut nach auf Lessing berufen — als freie Verfügbarkeit für jede neue Festlegung. Er habe sie erzogen, „jedes Hauses, jedes Glaubens Zierde zu sein“ (IV,7).

Wir haben wenig Grund, mit dem freiesten kämpferischsten deutschen Aufklärer wegen der theologischen Loyalitätsformeln, an denen er selber aufgrund seiner historischen Entwicklung noch festhielt oder die er zur Absicherung seiner Hauptstoßrichtung für nötig hielt (41), zu rechten. Wir müssen nur denjenigen Lessingauslegungen entgegentreten, die die eher konventionelle als wirklich ergebene „Ergebenheit in Gott“ dazu benutzen, aus Lessing einen Bravheitsapostel zu machen und die grundsätzlich antidespotische Richtung seines Kampfes, auch seines Kampfes für die Toleranz und gegen den Klerikalismus zu unterschlagen. Damit ist überhaupt nicht bestritten, daß es vor und neben Lessing noch klarere, entschieden materialistische Abrechnungen mit der Religion der Herrschenden gegeben hat. Nicht nur die französischen Materialisten, auch ein Deutscher wie Edelmann stößt noch über die Spaltungs- und Herrschaftssicherungsfunktion der Religion vor zur Grundlüge von der Gerechtigkeit der materiellen Ungleichheit, welche Lessings Aufforderung an alle, von den jeweils gegebenen Kräften und Produktionsmöglichkeiten aus das Ganze zu schaffen, einfach hingenommen wird. „Die christliche Religion, die die naseweiseste unter allen ist und den Geist der Wahrheit, wo nicht gepachtet, doch geerbt zu haben vorgibt, läßt uns in dieser wichtigen Sache nicht allein in völliger Unwissenheit, indem sie nicht die geringste hinlängliche Ursache anzugeben weiß, warum ein Teil der sogenannten Adamskinder zu Spelzen-Brot verdammt worden, derweil dem andern kaum Raspel-Semmeln gut genug sind, sondern sie besteht auch offenbar mit Lügen, wenn sie behauptet, daß sich ein jedes Adamskind mit Kummer von dem Acker nähren und im Schweiß seines Angesichts sein Brot essen müsse. Denn das Gegenteil liegt jedermann vor Augen." (42)

21 Erziehung des Menschengeschlechts, § 90; Bd. 8, S. 613; ich zitiere wie im folgenden nach den Gesammelten Werken, 10 Bde., hrsg. v. P. Rilla, Berlin²1968.

22 Die Abgrenzung des „Seltenen" gegen das „Gemeine" (II,5) ist eine zwar sublimiert elitäre, aber rein moralisch, nicht wie bei Wieland und späteren Klassikern gegen den „Pöbel" gekehrte Redeweise.

23 Wie weit Friedrich ganz konkret bei der Gestaltung Saladins als Vor- oder Gegenbild präsent war und von Zeitgenossen als der eigentlich Gemeinte verstanden wurde, wäre eine eigene Untersuchung wert. Es wäre möglich, daß die unrepräsentative, vom Stück aus funktionslose Verbindung Saladins mit der Schwester Sittah sich als nichts als eine biographische Spielregelung von Friedrichs Beziehung zu seiner Lieblingsschwester Wilhelmine in Bayreuth, dem angeblich einzigen Menschen, der ihn verstand, herausstellt (s. Friedrichs Briefwechsel mit Wilhelmine, hg. Berner 1903). Auffällig ist jedenfalls, daß Lessing gerade vom Zensor in Berlin Händel befürchtete, da dieser „leicht in der Folge mehr auffallende Zeilen finden" könnte, „wenn er aus der Acht läßt, aus welchem Munde sie

kommen, und die Personen für den Verfasser nimmt" (an seinen Bruder Karl, 19.12.1778; Bd. 9, S. 812).

24 Mehring, Lessing-Legende, Gesammelte Schriften, Bd. 9., hg. H. Koch, Berlin 1963, S. 312 f.

28 Auch Lessing „erstirbt" am Ende jenes Briefes an seinen durchlauchtigsten Herzog „in tiefster Devotion" als sein „untertänigster Knecht", ohne daß er deshalb seinen zunehmend bitteren Widerspruch gegen ihn aufgibt. Vgl. z. B. die Beschwerdebriefe über die Zensur an Herzog Karl vom 11. und 20.7.1778.

29 „Gerade im brandenburgisch-preußischen Staat war der Merkantilismus nicht aus der ökonomischen Entwicklung erwachsen, sondern wurde die ökonomische Entwicklung nach den merkantilistischen Lehren zu leiten gesucht." „Dieser besondere Merkantilismus" war mit historischer Notwendigkeit „die ideologische Wirtschaftsform dieses besonderen Militärstaats", Mehring, Lessing-Legende, Gesammelte Schriften, Bd. 9, hg. H. Koch, Berlin 1963, S. 130 f. Vgl. G. Schilfert, Deutschland von 1648—1789 in: Deutsche Geschichte in 3 Bänden, Bd. 1, Berlin 1965, S. 698 f., S. 737.

30 Abhandlung über die Fabel, zit.nach Lachmann-Muncker, Bd. 14, S. 237.

31 An eine würdige Privatperson, in: Bd. 1, S. 138.

32 „Er will unter sich keinen Sklaven sehn und über sich keinen Herrn", Ges. Werke, Suhrkamp, Bd. 9, 1967, S. 653.

33 Über Lessings ziemlich distanziertes und zeitlebens äußerliches Verhältnis zur Freimaurerei informiert (aus der Sicht der Freimaurer) F. Runkel in seiner Geschichte der Freimaurerei in Deutschland, Bd. 2, 1932, S. 141—175. Er ernennt Lessing wegen seines „überwuchernden Intellektualismus" zum „geistigen Vater der humanitären Richtung", S. 175.

34 An seinen Bruder Karl, 18.4.1779; Bd. 9, S. 830.

35 Bd. 8, S. 545 f.

36 Und mit einem „Pomp", also äußerem Schein von Macht, mit dem er Saladin (welcher niemals mit „Gefolge" auftritt) überbietet.

37 Hier drückt sich, obgleich das Verhältnis zwischen Einbildung und Praxis umgekehrt gesehen wird als eine materialistische Analyse es gelten ließe, dennoch eine richtige Ahnung von der Zusammengehörigkeit beider und ihrer Entstehung aus der gleichen gesellschaftlichen Wurzel aus. Die Kraft der eigenen Religion kommt gar nicht an den Tag, wenn nicht ihr Träger sich „strebend" bemüht.

38 (I,2). Allerdings kommt die rein mönchische Existenz des Derwischs und des Klosterbruders relativ glimpflich davon — vielleicht gerade deshalb, weil sie nicht zur Familie gehören.

39 An J. A. H. Reimarus, 6.4.1798; Bd. 9, S. 776.
40 Aus dem Bruchstück einer Abhandlung; Bd. 2, S. 323.
41 Was Lessing selber glaubte und was er nur aufklärungstaktisch zugestand, läßt sich nach dem jetzigen Stand der theologischen Lessing-Forschung nicht und wohl niemals klar scheiden.
42 J. C. Edelmann, Selbstbiographie (1752—3), 2. Teil, § 268, Hg. C. R. W. Klose, 1849, S. 381 f.

(Der alte Kanon neu. Zur Revision des literarischen Kanons in Wissenschaft und Unterricht, S. 73—106)

d) Helmut Göbel: Lessings ‚Nathan'. Zum Autor und seiner historischen Situation.

Angenehme und rührende Schauer laufen dem schulgebildeten deutschen Bürger den Rücken entlang, wenn er jetzt Besonderes zu sehen und zu hören ahnt, wenn Nathan zu erzählen beginnt:

Vor grauen Jahren lebt' ein Mann in Osten
Der einen Ring von unschätzbarem Wert'
Aus lieber Hand besaß ...

Klassische Werke werden oft auf schlagwortartige Begriffe gebracht: so auch Lessings ‚dramatisches Gedicht' von 1779, „Nathan der Weise", auf den Begriff der ‚Ringparabel', auf die ausgehöhlte Vokabel ‚Humanität'.

Derart eingeengt, gerät Klassisches schnell zum Symbol, das entsprechend zur Hand ist, wenn es gebraucht wird: Nach 1945 spielten die Theater aller Besatzungszonen den „Nathan" als zeitgemäß supranationales Wiedergutmachungsstück.

„Faust", „Glocke", „Nathan" — da stehen sie auf dem hohen und symbolischen Denkmalssockel des Klassischen. Volksreliquien, ziemlich weit weg. Das erschwert den Umgang, macht ihn aber auch interessant ... wenn man nicht, ausgehend von Erinnerungen an Deutschstundenangst, mit einer Mischung aus Widerwillen und geschichtslosem Kunstverständnis ein Nachdenken über ‚klassische Texte' kategorisch ablehnt. ...

(Lessings) Situation ist geprägt durch den Absolutismus und den Versuch, durch Aufklärung die absolutistischen Zustände aufzuheben oder zu mildern. Für den Schriftsteller Lessing wie für wichtige Probleme des „Nathan" gilt, daß die Möglichkeiten von Aufklärung vor allem von der Vergrößerung des Freiheitsraums und besserer ökonomischer Sicherung abhängig scheinen, wobei natürlich Aufklärung und Geld nicht nur in direkter Abhängigkeit zu denken sind. Sowohl in der Darstellung von Lessings Leben wie in anderen Abschnitten wird also die Frage nach der Finanzsituation Lessings und seiner Zeit zentral sein. Auf dieser Grundlage können dann konkrete Fragen gestellt werden zu der Verknüpfung von Geld und Weisheit, die im „Nathan" in verschiedenen eigentlichen und uneigentlichen Sprachebenen Bedeutung hat.

Der „Nathan" ist ein dramatisches Gedicht, das vom toleranten menschlichen und ökonomischen Zusammenleben handelt, geschrieben in einer Zeit, die noch zur ‚Aufklärung' zu rechnen ist, in Wolfenbüttel in den Jahren 1778 und 1779, kurz nach der Unabhängigkeitserklärung der amerikanischen Oststaaten und rund 10 Jahre vor der Französischen Revolution. Das ist 200 Jahre her — eine enorme Distanz zwischen uns und der Situation damals, in der der stets um Geld verlegene Hofrat des Herzogs von Braunschweig, der Bibliothekar Gotthold Ephraim Lessing neben einem prächtigen Fürstenschloß, einem Zeughaus und einem großen hölzernen Bibliotheksbau in einem in französischem Stil um 1740 errichteten, im Grundriß hufeisenförmigen ‚Bungalow' das Stück schreibt, dem er das an Leser und Theaterzuschauer gerichtete lateinische Einladungsmotto nach dem Titel voranstellt: „Tretet ein, denn auch hier sind Götter!" ...

In den deutschen Staaten verlief der Aufklärungsprozeß sehr unterschiedlich, insgesamt zaghaft und nur selten politische Konsequenzen auch nur andeutend. So sehr auf allen Gebieten der französische Geschmack und Despotismus nachgeahmt wurde — jedes adelige Herrscherhaus versuchte mit den damit verbundenen wirtschaftlichen Lasten für sich ein kleines, die absolute und gottgegebene Macht repräsentierendes Versailles zu schaffen —, es unterscheidet die französische und die schon vorher beginnende englische und niederländische Aufklärung von der deutschen ein wichtiges Merkmal: die fehlende staatliche Zentralisierung. Von London und Paris aus konnte sich die königliche Zentralgewalt zwar konsequent durchsetzen, gleichzeitig entstand aber auch hier die gegen dieses Zentrum gerichtete Aufklärungsbewegung. Im englischen Parlamentarismus wirkte sie sich schon im 17. Jahrhundert in der staatlichen Verfassung aus. Die anglikanische Hofkirche verlor an Autorität angesichts des riesigen Kolonialreichs, in dem die verschiedensten Religionen vom Islam bis hin zu den indischen Glaubensformen geduldet werden mußten. In Frankreich blieben die starren Konventionen, von Staat und Kirche ausgehend, faktisch wirksam, aber man griff parlamentarische Ideen aus England auf; die Vernunftforderungen werden in den gelehrten und dichterischen Arbeiten etwa von Voltaire, Rousseau und Diderot verbreitet, die auch Lessing und seine Freunde in Deutschland beeinflußten.

In ungeheuer großem Vertrauen auf die menschlichen vernünftigen Einsichtsmöglichkeiten wird die Aufklärung auch zur Philosophie der Erziehung schlechthin. Schulprogramme werden entwickelt, neue Formen der belehrenden Zeitschriften entstehen, um die Ideale der Vernunft zu verbreiten und Wissen zu fördern. Damit über diese Vorstellungen auch möglichst viele Menschen nachdenken können, gehen die Gelehrten jetzt auch in den deutschen Staaten allmählich dazu über, in deutscher Sprache und nicht mehr nur im Gelehrtenlatein zu schreiben.

Das Programm der Aufklärung spricht vor allem den Bürger in den Städten und auf dem Land an, der lernen soll (und will?), um am ‚Licht' der Vernunft teilzuhaben, um aus den ‚finsteren' Zeilen des Mittelalters und seinen dogmatischen Vorstellungen, die sich vor allem noch in der feudalen Fürsten- und Kirchenherrschaft erhalten hatte, herauszukommen.

Die neue Vernunftsphilosophie richtet ihre Kritik daher auch gegen Rechts- und Staatsphilosophie und Theologie. Dem aufgeklärten, vernünftigen Menschen müssen Recht und Religion einsichtig werden, blinder Glaube und blinder Gehorsam sind widervernünftig,

verleiten zu Willkür, Gewalt, Leichtgläubigkeit und zu Aberglauben, Andächtelei und Schwärmerei.
Eine der bedeutendsten Konsequenzen dieser Philosophie ergab sich aus der Annahme der allgemeinen Verbindlichkeit der Vernunftgesetze. Aus ihnen folgt, daß sie überall und in allen Lebensgebieten schlechthin gelten müssen. Das heißt ferner, daß sie für alle Menschen gleichwertig gültig sein müssen und daß aus dieser Gleichheit auch die für alle Menschen gleichen Rechte und Pflichten zu entwickeln sind. Hierin lag angesichts der tatsächlichen Ungleichheit die politische Brisanz der Aufklärung: Warum sollen für den Landesherrn andere Rechte gelten als für den Kaufmann, Handwerker oder Bauern? Ist es nicht auch wider die Vernunft, daß ein Christ mehr Rechte hat als ein Jude? Worauf gründen sich denn die unterschiedlichen Rechte? Sind sie mit der Vernunft vereinbar? Ja, sind die Offenbarungsschriften, Altes Testament, Neues Testament und Koran mit der Vernunft vereinbar? Muß nicht auch die Religion den Maßstäben der Vernunft unterworfen werden? Sind es nicht allgemeine vernünftige Maßstäbe, die das Zusammenleben aller Menschen garantieren müssen?
Diesen Fragen ging man nun nach. Auch hier unterscheidet sich das gelehrte Deutschland in der Vorsicht seiner Antworten von Englands und Frankreichs Radikalität. Die Unterschiede liegen, vereinfacht gesehen, darin, für wie verbindlich die theoretisch gefundenen Antworten im täglichen Leben gehalten werden. So übernahmen die deutschen und vor allem einige protestantische Theologen aus England und den Niederlanden die radikalen und kritischen Fragen nach der Vernünftigkeit des Bibeltextes. Sie kamen wie ihre Vorgänger zu den gleichen radikalen und vernünftigen Ergebnissen: Die Bibel ist nicht von Gott geschrieben; die Unterschiede der Menschen, die sich aus den verschiedenen Religionen herleiten, sind also von Menschen gemachte, unnatürliche Unterschiede. Die moralischen Lebensvorschriften, die man aus den biblischen Texten ableitet, sind nicht für den Buchstaben des Textes, sondern den Grundsätzen der Vernunft nach einzurichten. Hier treffen sich dann Staatsrechtler, Theologen und Philosophen. Was in England im 17. Jahrhundert beginnt, die Gesellschaft zu verän-

dern, was sich in den amerikanischen Oststaaten politisch manifestierte und in Frankreich radikal in die Revolution 1789 einging, blieb in den deutschen Staaten in der gelehrten Diskussion unter den Universitätsprofessoren stecken und erreichte nur gelegentlich den Bürger. Die Konservativen, Pastoren und amtlichen Kirchenvertreter blieben weithin vom Einfluß der radikalen Theoretiker auf die Gemeindemitglieder ‚verschont'. Zu den Ausnahmen in Deutschland zählten der Jurist und Philosoph Christian Thomasius (1655—1728), für das Judentum Moses Mendelssohn (1729—1786) und schließlich Gotthold Ephraim Lessing (1729—1781).
(Lessings ‚Nathan'. Der Autor, der Text, seine Umwelt, seine Folgen, S. 7—8; 10—13)

XI. Literaturangaben

Aus folgenden Werken wurde zitiert:

Gerhard Bauer: Revision von Lessings ‚Nathan'. Anspruch, Strategie, Politik und Selbstverständnis der neuen Klasse. In: Der alte Kanon neu. Zur Revision des literarischen Kanons in Wissenschaft und Unterricht. Hrsg. von Walter Raitz, Eberhard Schütz. (Opladen): Westdeutscher Verlag 1976, S. 69—108
Giovanni Boccaccio: Das Dekameron. 1.—5. Tag. Bd. I. Berlin und Hamburg: Edelbüttel-Marissal 1958
Julius W. Braun: Lessing im Urtheile seiner Zeitgenossen. Zeitungskritiken, Berichte und Notizen, Lessing und seine Werke betreffend, aus den Jahren 1747—1781. 3 Bde. Berlin 1884—1897, Neudruck Hildesheim: Oluss 1969
Schillers sämtliche Werke in 12 Bänden. Stuttgart: Cotta 1847
Erläuterungen und Dokumente. Gotthold Ephraim Lessing: Nathan der Weise. Hrsg. Peter von Düffel. Stuttgart: Reclam 1978
Helmut Göbel (Hrsg.): Lessings ‚Nathan'. Der Autor, der Text, seine Umwelt, seine Folgen. Berlin: Wagenbach 1977

Goethes Werke. Hamburger Ausgabe in 14 Bänden. Hrsg. von Erich Trunz. Bd. IX. Hamburg: Wegner 1961

Karl Hampe: Das Hochmittelalter. München: Droemersche Verlagsanstalt 1949.

Karl Jaspers: Von der Wahrheit. Philosophische Logik. Bd. I. München: R. Piper & Co. 1947

Lessings Werke. Vollständige Ausgabe in 25 Teilen. Hrsg. von Julius Petersen und Waldemar von Olshausen. 20 Bde. Berlin, Leipzig, Wien und Stuttgart: Bong o. J. (1925—35), Nachdr. Hildesh. Olms 1970

Gotthold Ephraim Lessing: Gesammelte Werke. Hrsg. von Paul Rilla, 10 Bde. Berlin (Ost): Aufbau 1954—58

Lessings Werke. Hrsg. von Kurt Wölfel. Bd. I. Gedichte. Fabeln. Dramen. Erläuterungen von Bode Lecke. Frankfurt/M.: Insel 1967

G. E. Lessings Übersetzungen aus dem Französischen Friedrichs des Großen und Voltaires. Hrsg. von Erich Schmidt. Berlin 1892

Benno von Wiese: Lessing. Dichtung, Ästhetik, Philosophie. Leipzig: Quelle & Meyer 1931

Lexikon der Weltliteratur. Bd. II. Hrsg. Gero von Wilpert. Stuttgart: Kröner 1968

Gero von Wilpert: Sachwörterbuch der Literatur. Stuttgart: Kröner 1961

Weitere Literaturangaben:

Theodor W. Adorno: Paraphrasen zu Lessing. In: Th. W. A.: Noten zur Literatur 3, Frankfurt: Suhrkamp 1965

Peter Demetz: Gotthold Ephraim Lessing: Nathan der Weise. Vollständiger Text — Dokumentation. Frankfurt/M. u. Berlin 1966

Dominik von König: Natürlichkeit und Wirklichkeit. Studien zu Lessings ‚Nathan der Weise'. Bonn: Bouvier 1976 (= Gesamthochschule Wuppertal. Schriftenreihe Literaturwissenschaft. Bd. 1).

Hans Gehrke: Lessings Nathan der Weise — Biographie und Interpretation — Hollfeld, Beyer 1979

Gotthold Ephraim Lessing. Hrsg. von Gerhard und Sibylle Bauer. Darmstadt: Wissenschaftliche Buchgesellschaft 1968 (= Wege der Forschung 211)
Gotthold Ephraim Lessing: Nathan der Weise. Stuttgart: Reclam (RUB. 3)
Lessing Yearbook. (Managing Ed.: Jerry Glenn.) Bd. I ff. München: Hueber 1969 ff.
Franz Mehring: Die Lessing-Legende. Eine Rettung. Nebst einem Anhange über den historischen Materialismus. 1893. Neudruck: Frankfurt: Suhrkamp 1972 mit einem Nachwort von Rainer Gruenter
Joachim Müller: Zur Dialogstruktur und Sprachfiguration in Lessings Nathan-Drama. In: Sprachkunst 1, 1970, S. 42—69
Heinz Politzer: Lessings Parabel von den drei Ringen. In: Das Schweigen der Sirenen. Stuttgart: Metzler 1968, S. 339—372
Paul Rilla: Lessing und sein Zeitalter. München: Beck 1973
Günter Rohrmoser: Lessing. Nathan der Weise. In: Das deutsche Drama vom Barock bis zur Gegenwart. Hrsg. von Benno von Wiese, Bd. I, Düsseldorf: Bagel 1958
Horst Steinmetz (Hrsg.): Lessing, ein unpoetischer Dichter. Dokumente aus drei Jahrhunderten. Zur Wirkungsgeschichte Lessings in Deutschland. Frankfurt/M.: Athenäum 1969 (= Wirkung der Literatur. Bd. I)

Chemie

Th. Bokorny

Chemie Gerüst

Wegweiser und Ratgeber für Schüler und Abiturienten.
13. überarbeitete Auflage
128 Seiten

Bestell-Nr. 0674-2

Dieses kurze in Tabellenform abgefaßte Vademecum der Chemie soll kein Lehrbuch oder Lexikon sein, sondern die großen Linien und wissenswerten Teile der modernen Chemie übersichtlich klar und einprägsam veranschaulichen und in Erinnerung bringen.

Thomas Neubert

Chemische Formelsammlung 9.-10. Klasse

36 Seiten

Bestell.-Nr. 0685-8

Hier wurden die wesentlichen Formeln mit Ihren Anwendungsmöglichkeiten aufgezeichnet. Für den Schulunterricht und für häusliches Arbeiten ein wichtiges Hilfsmittel – echte Lernhilfe!

Deutsch

Christian Floto

Basisinterpretationen für den Literatur- und Deutschunterricht I

-Ausgewählte Stücke und Prosa von Shakespeare bis Ionesco-

96 Seiten 2. Auflage

Bestell-Nr. 0589-4
Nach einer kurzen Skizzierung der Literaturepoche werden anhand häufig gelesener Stücke Basisinterpretationen gegeben. Alle Beispiele entstanden im Unterricht der Sekundarstufen.
Folgende Stücke werden u.a. behandelt:
Shakespeare, Hamlet - Lessing, Nathan - Schiller, Wallenstein - Goethe, Iphigenie - Kleist, Marquise von O/Die Verlobung ... - Fontane, Effi Briest - Dostojewski, Der Spieler - Hauptmann, Rose Bernd -Mann, Tonio Kröger - Döblin, Berlin Alexanderplatz - Kafka, Der Prozeß - Brecht, Sezuan - Kipphardt, Oppenheimer - Frisch, Homo Faber - Frisch, Biedermann u. Br. - Ionesco, Die Stühle.

Bernd Matzkowski

Basisinterpretationen für den Literatur- und Deutschunterricht III

Untersuchungen und didaktische Hinweise zum Volksbuch Till Eulenspiegel.

Hinweise auf den Schelmenroman.

80 Seiten

Bestell-Nr. 0598-3

Sachanalyse - Ausgewählte Historien - Motivquerverbindungen zu Schelmenromanen des 16. und 17. Jahrhunderts - Vorschläge für die Behandlung im Unterricht u.a.

Karin Cohrs/Martin H. Ludwig

Basisinterpretationen für den Literatur- und Deutschunterricht V

Romane und Novellen des 19. Jahrh.

120 Seiten

Bestell-Nr. 0631-9

Aus dem Inhalt:
Einleitung, Politik und Kultur des 19. Jahrhunderts - Interpretationen ausgewählter Romane und Novellen.

Kurzbiographie des Dichters - Entstehung des Werkes - Inhalt - Charaktere - Situationen - Erschließung des Textes (stilistische Besonderheiten, literaturhistorischer Rahmen, gesellschaftliche und politische Bezüge usw.). Arbeitsfragen.
Hoffmann, Das Fräulein von Scuderi - Kleist, Das Erdbeben in Chili - Mörike, Maler Nolten - Gotthelf, Wie Uli der Knecht glücklich wird - Storm, Immensee - Droste-Hülshoff, Die Judenbuche - Raabe, die Akten des Vogelgesangs - Fontane, Der Stechlin - Eichendorff, Aus dem Leben eines Taugenichts - Keller, Die drei gerechten Kammacher - Storm, Hans und Heinz Kirch - Raabe, Die schwarze Galeere - Fontane, Schach von Wuthenow - Hauptmann, Bahnwärter Thiel

Rüdiger Giese/Christian Floto

Basisinterpretationen für den Literatur- und Deutschunterricht VI

Romane und Novellen

aus dem 20.Jahrhundert

112 Seiten

Bestell-Nr. 0473-1

Schnitzler, Leutnant Gustl - Mann, Tod in Venedig - Kafka, Die Verwandlung - Hesse, Der Steppenwolf - Kästner, Fabian - Mann, Mephisto - Zweig, Schachnovelle - Böll, Haus ohne Hüter - Wolf, Der geteilte Himmel - Kempowski, Tadellöser und Wolff

Bausteine - Deutsch

stellt detailierte Unterrichtsstunden zur Behandlung unterschiedlichster Texte für die Sekundarstufen I und II vor.

Anordnung der Stunden als Sequenzen - Texte und Textanalysen - Didaktisch-methodische Arbeitshinweise - praktisch zu handhaben.

Angesprochen sind Lehrer und Lehramtsanwärter aller Schulformen.

Autoren sind: Praktiker - Ausbilder - Fachwissenschaftler aus allen Schulformen.

Bausteine Lyrik I

Spiel mit Sprache/Lyrischer Humor/Konkrete Poesie

Bestell-Nr. 0650-5

Bausteine Lyrik II

Balladen/Modernes Erzählgedicht/Chanson/Politische Lyrik/Thema- und Motivverwandschaft.
Bestell-Nr. 0651-3

Gerhart Hauptmann: Die Weber
Bestell-Nr. 0652-1

Max Frisch: Homo Faber
Bestell-Nr. 0653-X

Theodor Storm: Pole Poppenspäler
Bestell-Nr. 0654-8

Albert Camus: Die Pest
Bestell-Nr. 0655-6

George Orwell: 1984/Animal Farm
Bestell-Nr. 0656-4

Thomas Mann: Tonio Kröger
Bestell-Nr. 0657-2

Goethe-Plenzdorf: Werther
Bestell-Nr. 0658-0

Theodor Storm: Schimmelreiter
Bestell-Nr. 0659-9

Gotth. E. Lessing: Nathan der Weise
Bestell-Nr. 0660-2

Fr. Dürrenmatt:
Der Richter und sein Henker
Bestell-Nr. 0661-0

Joh. W. von Goethe: Faust I/II
Bestell-Nr. 0662-9

Jos. v. Eichendorff: Taugenichts
Bestell-Nr. 0663-7

Hermann Hesse: Der Steppenwolf
Bestell-Nr. 0664-5

Franz Kafka: Kurze Prosaformen
Bestell-Nr. 0665-3

Joh. Wolfg. von Goethe:
Iphigenie auf Tauris
Bestell-Nr. 0666-1

Bert Brecht: Leben des Galilei
Bestell-Nr. 0667-X

Annette von Droste-Hülshoff:
Die Judenbuche
Bestell.-Nr. 0668-8

Dichtung in Theorie und Praxis

Texte für den Unterricht

Mit dieser Serie von Einzelheften legt der BANGE-VERLAG Längs- und Querschnitte durch Dichtungs-(Literatur) Gattungen für die Sekundarstufen vor.
Jeder Band ist - wie der Reihentitel bereits aussagt - in die Teile Theorie und Praxis gegliedert; darüber hinaus werden jeweils zahlreiche Texte geboten, die den Gliederungsstellen zugeordnet sind. Ein Teil Arbeitsanweisungen schließt sich an, der entweder Leitfragen für die einzelnen Abschnitte oder übergeordnete oder beides bringt.
Wir hoffen bei der Auswahl der Texte eine „ausgewogene Linie" eingehalten und die Bände für die Benutzer wirklich brauchbar gestaltet zu haben.

Bestell-Nr.

450 Die Lyrik
451 Die Ballade
452 Das Drama
453 Kriminalliteratur
454 Die Novelle
455 Der Roman
456 Kurzprosa
(Kurzgeschichte, Kalendergeschichte/Skizze/Anekdote)
457 Die Fabel
458 Der Gebrauchstext
459 Das Hörspiel
460 Trivialliteratur
461 Die Parabel
462 Die politische Rede
463 Deutsche Lustspiele und Komödien

Weitere Bände in Vorbereitung

Egon Ecker

Wie interpretiere ich Novellen und Romane?

Methoden und Beispiele

180 Seiten - 2. Auflage

Bestell-Nr. 0686-6

Notizen zur Betrachtung eines dichterischen Textes - zur Technik der Interpretation.

Beispiele:
Keller, Drei gerechte Kammacher

Novellen:
Büchner, Lenz - Storm, Schimmelreiter - Andres, Die Vermummten

Romane:
Mann, Königl. Hoheit - Frisch, Homo Faber - Andres, Knabe im Brunnen - Andersch, Sansibar.
Zur Theorie der Novelle - Zur Theorie des Romans - Gliederungsvorschläge - Themenvorschläge - Literaturverzeichnis

Egon Ecker

Rechtschreibung und Diktate

3./4. Jahrgangsstufe

2. Auflage, 112 Seiten

Bestell-Nr. 0579-7

Als Band für die Vorbereitung des Übertritts in andere Schularten gibt der Autor ein Hilfsmittel zur richtigen Schreibweise und Anwendung der deutschen Sprache.

Inhalt: Groß- und Kleinschreibung - Gleich und ähnlichklingende Laute - Dehnung - Schärfung - Silbentrennung - Sprachlehre - Satzmodelle - Diktatstoffe - Lösungen u.v.a.

Epochen deutscher Literatur

Kurzgefaßte Abhandlung für den Deutschunterricht an weiterführenden Schulen.

Bestell.-Nr. 0480
Die deutsche Romantik I
Frühromantik

Bestell.-Nr. 0481
Realismus des 19. u. 20. Jahrhunderts

Bestell.-Nr. 0482
Impressionismus und Expressionismus

Bestell.-Nr. 0483
Sturm und Drang

Bestell.-Nr. 0484
Die deutsche Romantik II
Spätromantik

Bestell.-Nr. 0485
Die Deutsche Klassik

Bestell.-Nr. 0486
Von der Aufklärung zum Sturm und Drang
Literaturgeschichtliche Querschnitte

Bestell.-Nr. 0487
Deutsche Dichtung des Barock

Textanalyse 1
Umgang mit fiktionalen (literarischen) Texten

152 Seiten

Bestell-Nr. 0641-6

Aus dem Inhalt:
I. Der Begriff des fiktionalen Textes: Das "Ästhetische" der Literatur - Betrachtungsweisen von Literatur - Literarische Wertung.

II. Probleme der Interpretation: Der Prozeß des "Verstehens" - Methoden der Literaturinterpretation - Arbeitstechniken (Textwiedergabe / Texterarbeitung / Texterörterung).

III. Beispiele für Interpretationen: Epische Texte - Dramatische Texte - Gedichte.
IV. Massenliteratur.

Textanalyse 2
Umgang mit nichtfiktionalen (Gebrauchs-)Texten

144 Seiten

Bestell-Nr. 0642-4

Aus dem Inhalt:
I. Der Textbegriff.
II. Eine Typologie von Gebrauchstexten.
III. Bedingungen der Textanalyse.
IV. Methoden der Textanalyse: Textwiedergabe - Text beschreibung - Texterörterung.
V. Beispiele für Textanalysen: Darstellende Texte (Sachtexte/Wissenschaftliche Texte) - Werbende Texte (Werbetexte/Politische Reden) - Gesetzestexte.

Gebrauchstextanalysen

-Methoden und Beispiele-

2. Auflage, 80 Seiten

Bestell-Nr. 0588-6

Herausgegeben von einem Arbeitskreis der Pädagogischen Akademie Zams.

Aus dem Inhalt:
I. Warum Textuntersuchung? Begriffserklärungen
II. Textanalyse - Textkritik
Vorgestellt werden nur drei Möglichkeiten einer Analyse:
a) Kommunikationstheoretischer Aspekt
b) stilistischer Aspekt
c) soziologischer Aspekt
III. Gebrauchstexte verschiedener Art, die auf o.a. Aspekte hin untersucht, bzw. kritisiert wurden.

Ordnung der Texte nach Themenkreisen:
Werbetexte - Ferienprospekte - Kinoprogramme - Diverse Jugendzeitschriften (Bravo u.a.) - Illustrierte und Frauenzeitschriften (Frau im Spiegel u.a.) - Schullesebücher: Politische Beiträge/Kulturelle Beiträge - Literarische Texte.

Robert Hippe
Mündliche und schriftliche Kommunikation

2. Aufl., 104 Seiten

Bestell-Nr. 0563-0

Sprache - Sprache und Verständigung
Grundbegriffe der Kommunikation - Die drei Dimensionen des Zeichens - Verschiedene Arten von Zeichen - Sprache und Norm
Die Rede - Formen der Rede - Rhetorische Figuren - Analyse vorgegebener Reden - Redeanleitungen, - analysen und - sammlungen - Der Weg zur eigenen Rede - Exkurs 1: Kodierungsebenen - Exkurs 2: Die Sprache der Werbung als appellative Rede
Das Referat - Verfahrensschritte - Beurteilungskriterien - Geeignete Stoffe zur Auswahl
Die Diskussion - Analyse einer vorgegebenen Diskussion - Hinweise auf Vorbereitung, Durchführung und Zielsetzung einer Diskussion - Der Diskussionsbeitrag im sogenannten "Fünfsatz" - Die Debatte - Bericht(erstattung), Kolloquium, Vorlesung
Das Protokoll - Die Arten des Protokolls - Kriterien für die Beurteilung von Stundenprotokollen - Analyse von Protokollen
Die Inhaltsangabe - Merksätze zur Abfassung - Verfahrensschritte - Analyse von Inhaltsangaben - Geeignete Stoffe zur Auswahl
Die Erörterung - Merksätze zur Abfassung - Analyse von Erörterungen - Geeignete Stoffe zur Auswahl.

Robert Hippe
Umgang mit Literatur

2. Auflage, 116 Seiten

Bestell-Nr. 0564-9

Definition von Literatur - Grundformen von Literatur - Merkmale der Lyrik - Merkmale der Epik - Merkmale der Dramatik - Formprobleme der Literatur - Aufbauprobleme in der Literatur - Arten der Interpretation - Was ist Interpretation - Literatur und Wirklichkeit u.v.a.

Robert Hippe
Sprach- und Textbetrachtungen

132 Seiten

Bestell-Nr. 0569-X

Sprachbetrachtungen

Historisch - Theorien über die Entstehung der Sprache(n) - Die indogermanische (idg.) Sprachfamilie - Die geschichtliche Entwicklung des Hochdeutschen - Lehn- und Fremdwörter - Sprachrätsel und Sprachspiele - Auswahl-Bibliographie.
Systematisch - Grammatik - die traditionelle Grammatik - Die generative Transformationsgrammatik - Die strukturelle Grammatik.

Textbetrachtung

Allgemeines - Definition von Text - Textsorten - Beispiele - Übungen - Auflösung der Rätsel.

Robert Hippe

Textanalysen

mit Aufgaben und Übungen
3. Aufl., 120 Seiten

Bestell-Nr. 0586-X

Einleitung: Über Text, Textbeschreibung und Textanalyse
I. Fiktionale (literarische) Texte
Lyrik
(Barock, Sturm und Drang, Klassik, Romantik, Realismus, Expressionismus, Hofmannsthal und Rilke, Lyrik nach 1945, Motivgleiche Gedichte). Jeweils an Beispielen erklärt.
Epik
(Roman, Novelle, Märchen, Fabel, Kurzgeschichte, Sonderform des Essays)
Dramatik
II . Unterhaltungs- und Trivialliteratur
III. Nicht fiktionale (nicht literarische) Texte
Werbetexte - Gesetzestexte - Kochrezepte - Redetext (rhetorischer Text)

Robert Hippe

Kurzgefaßte deutsche Grammatik und Zeichensetzung

9. Auflage, 72 Seiten

Bestell-Nr. 0515-0

Ein Abriß der deutschen Grammatik systematisch und fundamental dargeboten; beginnend mit den Wortarten, Betrachtung der Satzteile und Nebensätze bis zu den Satzzeichen, Beispiele durchsetzen das Ganze und Lösungen sollen Fehler auffinden helfen. Ein nützliches in Tausenden von Exemplaren bewährtes Übungs- und Nachhilfebuch.

Robert Hippe

Interpretationen zu 62 ausgewählten motivgleichen Gedichten

mit vollständigen Gedichtstexten
6. Auflage, 120 Seiten

Bestell-Nr. 0587-7

Der Verfasser hat die wiedergegebenen Interpretationen und Auslegungen in langen Gesprächen und Diskussionen mit Oberprimanern erarbeitet. Die hier angebotenen Deutungsversuche erheben keinen Anspruch auf die einzig möglichen oder richtigen, sondern sollen Ausgangspunkte für Weiterentwicklungen und Erarbeitungen sein.
Aus dem Inhalt: Themen wie Frühling - Herbst - Abend und Nacht - Brunnen - Liebe - Tod - Dichtung u.v.a.

Robert Hippe

Interpretationen zu 50 modernen Gedichten

mit vollständigen Gedichtstexten
4. Auflage, 136 Seiten

Bestell-Nr. 0597-5

Der vorliegende Band verspricht Interpretationshilfe und Deutungsversuche - in unterschiedlicher Dichte und Ausführlichkeit - für 50 moderne Gedichte. Materialien und Auswahlbibliographie geben den Interessenten Hilfen für den Deutsch- und Literaturunterricht. Für den Lehrer eine echte Bereicherung zur Vorbereitung des Unterrichts.

Aus dem Inhalt: Lasker-Schüler - Hesse - Carossa - Benn - Britting - Brecht - Eich - Kaschnitz - Huchel - Kästner - Bachmann - Piontek - Celan - Härtling - Reinig - Grass - Enzensberger u.v.a.

Robert Hippe

Kurzgefaßte deutsche Rechtschreiblehre

64 Seiten

Bestell-Nr. 0519-3

Anleitungen - Ausarbeitungen - Gliederungen - Themenvorschläge u.v.a.
jeweils mit Lösungsschlüssel

A. Unterstufe
Erlebnisschilderung oder -erzählung
Vorgangsschilderung oder -erzählung
Die Nacherzählung, die Erklärung oder Arbeitsanweisung, Vorgangsbericht oder Beschreibung, Inhaltsangabe

B. Mittelstufe
Die Schilderung, Stimmungsbild, Charakteristik, Bericht und Inhaltsangabe, sachliches Schreiben, Facharbeit, Erörterung u.a.

Interpretationen motivgleicher Gedichte in Themengruppen

mit vollständigen Gedichtstexten

Band 1:

Edgar Neis

Der Mond in der deutschen Lyrik

80 Seiten

Bestell-Nr. 0620-3

Arp - Bischoff - Borchert - Boretto - Britting - Brokkes - Bürger - Claudius - Däubler - Droste-Hülshoff - Geibel - Gleim - Goethe - Härtling - Heine - Holz - Klopstock - Krähenbühl - Krolow - Lange - Lehmann - Leonhard - Lichtenstein - zur Linde - Maurer - Morgenstern - Rasche - Rühmkorf - v. Stollberg - Trakl - v.d. Vring - Werfel - Wiens.

Band 2:

Edgar Neis

Politische-soziale Zeitgedichte

2. Auflage, 112 Seiten

Bestell-Nr. 0621-1

Bachmann - Biermann - Brecht - Bürger - Celan - Dehmel - Domin - Enzensberger - Le Fort - Freiligrath - Gryphius - Hädecke - Hagelstange - Heine - Herwegh - Keller - Kerr - Logau - Marti - Platen - Sabias - Salis - Schenkendorf - Schiller - Schreiber - Schubart - Tucholsky - W.v.d. Vogelweide - Weitbrecht - Wildenbruch.

Band 3:

Edgar Neis

Der Krieg im deutschen Gedicht

2. Auflage, 112 Seiten

Bestell-Nr. 0622-X

Bender - Benn - Biermann - Binding - Brambach - Brecht - Claudius - Dehmel - Eich - Flex - Le Fort - Fried - Gleim - Goethe - Hakel - Heise - Heym - Hölderlin - Höllerer - Huchel - Jahn - Jean Paul - Kaschnitz - Kästner - Körner - Leib - Lersch - Leonhard - Liliencron - Logau - Menzel - Mosen- Mühsam - Münchhausen - Neumann - Nick - W. Paul - Sachs - Schiller - Schnurre - Schuhmann - Stramm - Toller - Toussel - Trakl - Tumler - Vogel - Wiechert.

Band 5:

Robert Hippe

Der Tod im deutschen Gedicht

2. Auflage, 80 Seiten

Bestell-Nr. 0624-6

Bächler - Benn - Brecht - Celan - Claudius - Droste-Hülshoff - Eich - Goethe - Gryphius - Hesse - Heym - Hofmannsthal - Hofmannswaldau - Höllerer - Kaltneker - Keller - Klopstock - C.F. Meyer - Mörike - Nick - Nietzsche - Novalis - Rilke - Schiller - Storm - Stramm - Trakl - Uhland.

Band 6:

Robert Hippe

Die Jahreszeiten im deutschen Gedicht

2. Auflage, 80 Seiten

Bestell-Nr. 0625-4

Benn - Britting - Claudius - George - Gerhardt - Goes - Goethe - Hagedorn - Heine - Hebbel - Hesse - Hofmannsthal - Hölderlin - Hölty - Huchel - Lenau - Logau - C.F. Meyer - Mörike - Rilke - Stadler - Storm - Trakl - Uhland - W.v.d. Vogelweide.

Band 7:

Robert Hippe

Deutsche politische Gedichte

2. Auflage 68 Seiten

Bestell-Nr. 0626-2

Baumann - Biermann - Becher - Below - Brecht - Delius - Enzensberger - Fried - Fürnberg - Gomringer - Grass - Heine - Hoffmann v. Fallersleben - Holzapfel - Karsunke - Kunert - Luckhardt - Morawietz - Pottier - Radin - v. Saar - Scherchen - Schneckenburger - U. Schmidt - Schuhmann- Vesper - Walraff - Weinheber - Wessel - Zimmerling.

Band 8:

Edgar Neis

Die Welt der Arbeit im deutschen Gedicht

100 Seiten

Bestell-Nr. 0627-0

Barthel - Bartock - Billinger - Brambach - Bröger - Chamisso - Dehmel - Dortu - Engelke - Freiligrath - Grisar - Heine - Herwegh - Jünger - Krille - Lersch - Lessen - Naumann - Petzold - Pfau - Piontek - Rilke - Schreiber - Seidel - Weerth - Weinheber - Wieprecht - Winckler - Zech.

Band 9:

Edgar Neis

Deutsche Tiergedichte

136 Seiten

Bestell-Nr. 0628-9

Barth - Bergengruen - Billinger - Boretto - Brecht - Britting - Busch - Claes - Dauthendey - Dehmel - Domin - Droste-Hülshoff - Eggebrecht - Eich - Freiligrath - Gellert - Gleim - Goethe - Grillparzer - Groth - Härtling - Hagedorn - Haushofer - Hausmann - Hebbel - Heine - Hesse - Huchel - F.G. Jünger - W. Lehmann - Liliencron - A.G. Kästner - Keller - Kolmar - Krolow - C.F. Meyer - Morgenstern - Pfeffel - Piontek - Rilke - Ringelnatz - Eugen Roth - N. Sachs - Schaefer - Trakl - Vring - Weinheber - Wiedner - Zachariae - Zuckmayer.

Interpretationen zeitgenössicher Kurzgeschichten

Robert Hippe

5. Auflage, 80 Seiten

Bestell-Nr. 0601-7

Band 2: Andres, Trockendock - Benn, Gehirne - Bergengruen, Arzt von Weißenhasel / Legende von den zwei Worten - Böll, Bahnhof von Zimpren / Besenbinder / Erinnerungen eines jungen Königs / So ein Rummel - Brecht, Augsburger Kreidekreis - Döblin, Ermordung einer Butterblume - Dürrenmatt, Tunnel - Eich, Stelzengänger - Franck, Das verstandene Gedicht - Gaiser, Ein Mensch, den ich erlegt habe - Hampel, Das mit dem Mais - Hildesheimer, Eine größere Anschaffung - Kafka, Kübelreiter / Sorge des Hausvaters - Kasack, Mechanischer Doppelgänger - Langgässer, Die getreue Antigone / Untergetaucht - Musil, Portugiesin - Risse, Verkehrsunfall - Schnurre, Ein Fall für Herrn Schmidt.

Karl Brinkmann

4. Auflage, 80 Seiten

Bestell-Nr. 0602-5

Band 3: Aichinger, Plakat - Alverdes, Die dritte Kerze - Böll, Damals in Odessa / Mann mit den Messern / Lohengrins Tod / Wanderer kommst du nach Spa ... - Borchert, Die lange, lange Straße lang / Generation ohne Abschied / Lesebuchgeschichten - Eisenreich, Ein Augenblick der Liebe - Gaiser, Brand im Weinberg / Du sollst nicht stehlen - Langgässer, Die zweite Dido / Glück haben - Lenz, Jäger des Spottes - Schnurre, Die Tat - Spang, Seine große Chance - Spervogel, Hechtkönig - Wiechert, Hauptmann v. Kapernaum / Hirtenknabe.

Martin Pfeifer

4. Auflage, 84 Seiten

Bestell-Nr. 0603-3

Band 4: Aichinger, Hauslehrer / Nichts und das Boot - Bender, Die Wölfe kommen zurück - Böll, Über die Brücke / Es wird etwas geschehen - Brecht, Mantel des Ketzers - Britting, Brudermord im Altwasser - Eich, Züge im Nebel - Ernst, Das zweite Gesicht - Fallada, Lieber Hoppepoppel - Franck, Taliter - Hesse, Beichtvater / Bettler - Johnson, Jonas zum Beispiel - Kusenberg, Eine ernste Geschichte - Langgässer, Saisonbeginn - Le Fort, Frau des Pilatus - Meckauer, Bergschmiede - Pohl, Yannis letzter Schwur - Rinser, David - Schäfer, Hirtenknabe - Schallück, Der Tod hat Verspätung - v. Scholz, Das Inwendige - Walser, Ein schöner Sieg - Weisenborn, Aussage.

Edgar Neis

3. Auflage, 56 Seiten

Bestell-Nr. 0604-1

Band 5: Borges, Das geheime Wunder - Calderón, Invasion - Callaghan, ein sauberes Hemd - Campos, Solidarität - Carson, Ein Mädchen aus Barcelona - Hemingway, Die Killer - Huxley, Schminke - Joyce, Eveline - Katajew, Die Messer - Mansfield, Für sechs Pence Erziehung - Manzoni, Die Repräsentiertasse - Olescha, Aldebaran - Saroyan, Vom Onkel des Barbiers, dem von einem Zirkustiger der Kopf abgebissen wurde - Sarte, Die Mauer - Timmermans, Die Maske.

Karl Brinkmann

3. Auflage, 80 Seiten

Bestell-Nr. 0605-X

Band 6: Andersch, Sehnsucht nach Sansibar - Böll, Wie in schlechten Romanen /Undines gewaltiger Vater - Gaiser, Das Wespennest / Fünfunddreißig Meter Tüll / Der Motorradunfall - Grass, Der Ritterkreuzträger - Hildesheimer, Nächtliche Anrufe - Holthaus, Geschichten aus der Zachurei / Allgemeines / Wo liegt Zachzarch / Das Wirtshaus Zum Vollautomatischen Bären - Lenz, Masurische Geschichte / Der Leseteufel / So schön war mein Markt / Der große Wildenberg - Kramp, Was der Mensch wert ist - Reding, Die Bulldozer kamen / Während des Films / Jerry lacht in Harlem / Fahrerflucht - Schnurre, Wovon der Mensch lebt - Walser, Die Artikel, die ich vertrete.

Rudolf Kanzler

64 Seiten

Bestell-Nr. 0606-8

Band 7: Aichinger, Die Silbermünze - Altendorf, Der Knecht Persenning - Andersch, Ein Auftrag für Lord Glouster - Bauer, Hole deinen Bruder an den Tisch - Britting, Der Gang durchs Gewitter - Dörfler, Der Kriegsblinde - Hesse, Das Nachtpfauenauge - Hildesheimer, Der Urlaub - Kaschnitz, Gespenster - Lenz, Die Nacht im Hotel - Th. Mann, Das Eisenbahnunglück - Noack, Die Wand - Ohrtmann, Der Sched ist wieder da - Rinser, Der fremde Knabe - Schallück, Unser Eduard - Wiechert, Mein erster Adler.

Edgar Neis

80 Seiten

Bestell-Nr. 0607-6

Band 8: Andersch, Grausiges Erlebnis - Bachmann, Alles - Bender, In der Gondel / Fondue - Bichsel, Tochter - Bobrowski, Epitaph für Pinnau - Bolliger, Verwundbare Kindheit - Brecht, Wiedersehen - Eisenreich, Der Weg hinaus - Fritz, Schweigen vieler Jahre - Fühmann, Judenauto / Schöpfung - Gaiser, Gazelle grün - Heissenbüttel, Wassermaler - Kaschnitz, Das rote Netz - Kunert, Fahrt mit der S-Bahn - Nossack, Das Mal - Reinig, Drei Schiffe - A. Schmidt, Resümee - Walser, Tänzer / Knabe - Wohmann, Ich Sperber / Der Schwan / Knurrhahn-Stil.

Robert Hippe

72 Seiten

Bestell-Nr. 0608-4

Band 9: Aichinger, Fenster-Theater - Bichsel, Holzwolle - Brecht, Vier Männer und ein Pokerspiel - Frank, Die Monduhr - Fuchs, Gedankenaustausch - Geißler, Kalte Zeiten III - Heckmann, Die Wohltaten des Löffels / Das Henkersmahl - Holthaus, Warhaftige Geschichte von der Spazierfahrt - Kaschnitz, Popp und Mingel / Christine - Klose, Am roten Forst - Kunert, Andromeda zur Unzeit - Lenz, Die große Konferenz - Magiera, In den Sand geschrieben - Marti, Neapel sehen - Mechtel, Ein kleiner Tag - Nossack, Helios GmbH - Novak, Schlittenfahren - Weissenborn, Die Stimme des Herrn Gasenzer / Die Sache mit Dad - Wohmann, Denk immer an heut nachmittag - Weyrauch, Mit dem Kopf durch die Wand - Wohmann, Die Klavierstunde - Zeller, Der Tumbau.

Edgar Neis

80 Seiten

Bestell-Nr. 0609-2

Band 10: Bernhard, Die Mütze - Bichsel, San Salvador / Ein Tisch - Bobrowski, Lipmanns Leib - Brecht, Das Experiment - Brückner, Lewan / Schwierigkeiten beim Ausfüllen eines Meldezettels / Ein Pferd ist ein Pferd - Dürrenmatt, A's Sturz - Gaiser, Fällung eines Teichs - Hildesheimer, Nachtigall - F.G. Jünger, Urlaub - Kaschnitz, Eisbären - Koeppen, Baseballspieler - Kunert, Zirkuswesen - Musil, Das Fliegenpapier - Novak, Abgefertigt - Reinig, Skorpion - A. Schmidt, Sommermeteor - Weyrauch, Beginn einer Rache.

Wolfgang Kopplin

Kontrapunkte

160 Seiten

Bestell-Nr. 0547-9

Kontroversinterpretationen zur modernen deutschsprachigen Kurzprosa.
Prosatexte, zwischen 1963 und 1975 entstanden, dienen dem Autor dazu, die dialektische Methode des Pro und Kontra als Interpretationsansatz anzuwenden. Dem Primärtext schließen sich jeweils die Kontroversinterpretationen an. Ein Buch, welches Anregungen zum Verstehen und zur Entschlüsselung von Texten gibt.
Inhalt: Texte von Artmann - Bichsel - Dellin - Gerz - Gregor - Kunert - Reinig - Schnurre u.a. werden in einer Pro- und Kontra-Interpretation vorgestellt.

Albert Lehmann

Erörterungen

Gliederungen und Materialen
Methoden und Beispiele

3. verb. Auflage, 168 Seiten

Bestell-Nr. 0476-6

Die vorliegende Sammlung von 58 Gliederungen, die durch Erläuterungen - vornehmlich Beispiele - zu den einzelnen Gliederungspunkten erweitert sind, sollen die Wiederholung des Jahresstoffes erleichtern.
Stoffkreisthemen: Natur - Tourismus - Technik - Freizeit - Arbeit/Beruf - Konflikte zwischen den Generationen - Drogen - Kinder und Familie - Die Stellung der Frau in der Gesellschaft - Sport - Massenmedien und viele Einzelthemen.

Für Lehrer ein unentbehrliches Nachschlage- und Vorbereitungsbuch.

Birgit Lermen / Matthias Loewen

Trickfilm als didaktische Aufgabe

Band 1: Sekundarstufe I
232 Seiten - Fotos
Bestell-Nr. 0618-1

Band 2: Sekundarstufe II
Bestell-Nr. 0619-X
216 Seiten - Fotos

Die Untersuchung über den Trickfilm als didaktische Aufgabe trägt der unterschiedlichen Ausgangslage in den beiden Stufen des Sekundarunterrichts Rechnung durch die Aufteilung in zwei Bände.

Band 1 stellt sich gezielt auf die Bedürfnisse und Erwartungen der Sekundarstufe I ein. Aus der Eigenart des Mediums Trickfilm wird ein Analyse-Instrumentarium entwickelt, dessen Brauchbarkeit an 13 Filmen unterschiedlicher Herkunft erprobt wird. Auf der damit geschaffenen Grundlage wird ein didaktisch-methodisches Konzept erstellt.

Band 2 orientiert sich an den Bedürfnissen der Sekundarstufe II. Eine semiotische Einführung erweitert und vertieft die in Band I erstellte Grundlage. Im Mittelpunkt stehen wieder die Einzelanalysen, deren Zahl des größeren Umfangs wegen auf zwölf reduziert ist.
Wie in Band I soll beides - Analysen und Einführung - als Basis dienen für didaktische Fragestellungen und Entscheidungen.
Die Auswahl der Filme wurde in beiden Bänden bestimmt durch :

a) das Ausleihangebot der Stadt und Kreisbildstellen in der Bundesrepublik,
b) die ästhetische Qualität,
c) die thematische Relevanz,
d) die didaktische Potenz.

Martin H. Ludwig

Das Referat

Kurze Anleitung zu einer Erarbeitung und Abfassung für Schüler und Studenten.

Bestell-Nr. 0646-7

Planen und Sammeln - Bibliographieren - Schreiben und Zitieren - Lesen und Notieren - Auswerten und Gliedern - Der Text - Der Vortrag.

Martin H. Ludwig

Praktische Rhetorik

Reden - Argumentieren - Erfolgreich verhandeln

Grafiken - 136 Seiten

Bestell.-Nr. 0688-2

Praktische Rhetorik ist ein Übungsfeld für jedermann! Ob bei der Sammlung von Gedanken, bei der Konzentration der Argumente, bei der Gestaltung einer Rede, in der Rücksichtnahme auf den Verhandlungspartner, bei der Vorsicht vor „gefährlichen" Redewendungen.

Aus dem Inhalt: Formale Rhetorik - Dekorative Rhetorik - Verwendung von Argumenten in der Verhandlung - Psychologie in der Verhandlung - Einzelne Techniken zur Durchsetzung von Anliegen - Positive Verhandlungstechniken - Wie wehre ich mich gegen ...? - Typische Verhandlungssituation - Wann sind welche Techniken angebracht?

Martin H. Ludwig/ Eckhard Ostertag

Lernen - Qual oder Zufall?

Vademecum der Lernarbeit
160 Seiten

Bestell-Nr. 063-4

Dieses Buch ist für solche Menschen geschrieben, die aus eigenem Antrieb lernen möchten, die eine Hilfe und Anleitung für ein leichteres und effektiveres Lernen gebrauchen können.

Aus dem Inhalt: – Warum Lernen lernen? – Wer lernt was warum? – Unter welchen Voraussetzungen lernen wir? – Wie lernen? – Wie lange lernen? – Wieviel lernen? – Wann lernen? – Wie oft lernen? – Womit lernen? – Wo lernen? – Lernen - ein Abenteuer mit sich und mit anderen – Wie das Gelernte festigen? Das eigene Mehrkanalprogramm – Lernen macht Spaß! – Checklisten und Übersichten

Methoden und Beispiele der Kurzgeschichten Interpretation

3. Auflage, 64 Seiten

Bestell-Nr. 0585-1

Herausgegeben und erstellt von einem Arbeitskreis der Pädagog. Akademie Zams.

Methoden: Werkimmanente, existenzialistische, grammatische, stilistische, strukturelle, kommunikative, soziologische, geistesgeschichtliche, historisch/biographisch/symbolistische Methode.

Beispiele: Eisenreich - Cortázar - Dürrenmatt - Brecht - Horvath - Bichsel - Kaschnitz - Lenz - Weißenborn - Rinser - Borchert - Nöstlinger - Wölfel - Langgässer.

An Beispielen ausgewählter Kurzgeschichten werden die einzelnen Methoden der Interpretation demonstriert und erläutert. Information und Nachschlagewerk für den Unterricht in den Sekundarstufen.

Edgar Neis

Das neue große Aufsatzbuch

-Methoden und Beispiele des Aufsatzunterrichts für die Sekundarstufen I und II -

212 Seiten - 5. Auflage

Bestell-Nr. 0636-X

Inhalt:
Zur Technik des Aufsatzschreibens - Stoffsammlung und Disposition - Wie schreibe ich eine Charakteristik? - Wie schreibe ich eine Erörterung? - Der dialektische Besinnungsaufsatz - Themen und Aufsätze zu Problemen unserer Zeit - Aufsätze zur Literatur - Wege der Texterschließung - Interpretationshinweise - Fachbegriffe der Aufsatzlehre (Lexikon der Terminologien) - Vorschläge für Aufsatzthemen - Themenkatalog für das Ende des 20. Jahrhunderts - Literaturnachweis.
Dieses Buch richtet sich an Lehrer und Schüler von Haupt-, Real- und Oberschulen (Gymnasien).
Breit einsetzbar in Grund- und Leistungskursen.

Edgar Neis

Deutsche Diktatstoffe -Unterstufe-

3. bis 7. Jahrgangsstufe
6. Auflage, 64 Seiten

Bestell-Nr. 0524-X

Edgar Neis

Moderne deutsche Diktatstoffe

-Sekundarstufe I-

5.-10. Jahrgangstufe

Bestell-Nr. 0693-9

Beide Bände sollen der Einübung und Wiederholung der Rechtschreibung und Zeichensetzung dienen. Jeder Band gliedert sich in zwei Teile, einen systematischen Teil, der zielbewußter Einübung von Wörtern, deren Schreibung Schwierigkeiten bereitet, dient und einen allgemeinen Teil. Dieser bringt zusammenhängende Diktatstoffe aus dem deutschen Schrifttum. Die Namen der Verfasser bürgen für die Stilhöhe der einzelnen Texte.

Edgar Neis

Interpretationen von 66 Balladen, Erzählgedichten und Moritaten

Analysen und Kommentare
5. Auflage, 176 Seiten

Bestell-Nr. 0590-8

Balladen des 18., 19. und 20. Jahrhunderts werden in diesem für Lehrer, Studenten und Schüler bestimmten Band ausführlich interpretiert und durch Erklärungen Verständnis für diese Art Dichtung geweckt. Eine unentbehrliche Hilfe für den Deutsch- und Literaturunterricht.

Aus dem Inhalt: Bürger - Herder - Goethe - Schiller - Uhland - Eichendorff - Heine - Droste-Hülshoff- Miegel - Brecht - Huchel - Celan - Chr. Reinig - Kunert u.v.a.

Edgar Neis

Interpretationen motivgleicher Werke der Weltliteratur

2. Auflage, je 144 Seiten

Dramatische, epische und lyrische Gestaltung der bekanntesten Stoffe der Weltliteratur werden mit knappen Inhaltsangaben vorgestellt und miteinander vergleichend interpretiert.

Band 1:
Mythische Gestalten **Bestell-Nr. 0548-7**

Alkestis - Antigone - Die Atriden (Elektra / Orest) - Iphigenie - Medea - Phädra

Band 2:
Historische Gestalten **Bestell-Nr. 0549-5**

Julius Caesar - Coriolan - Der arme Heinrich - Die Nibelungen - Romeo und Julia - Jeanne d'Arc / Die Jungfrau v. Orleans - Johann Joachim Winckelmann

Edgar Neis

Verbessere Deinen Stil

2. Auflage, 120 Seiten

Bestell-Nr. 0539-8

Der Autor versucht im vorliegenden Band vom grundlegenden Schema über Wortwahl und Satzgestaltung den Interessierten zu einer guten Ausdrucksform zu führen. Stil ist erlernbar, deshalb wurden im 2. Teil viele künstlerisch gestaltete, stilvolle Beispiele wiedergegeben.

Edgar Neis

Wie interpretiere ich ein Drama?

Methoden und Beispiele
2. Auflage - 224 Seiten

Bestell-Nr. 0633-8

Erstbegegnungen mit dramatischen Formen - Methode des Interpretierens - Wege zur Erschließung und Analyse eines Dramas.

Arbeit im Detail: Titel, Personen, Handlung, Aufbau, Sprache, Realisation, Bühnengestaltung, Regieanweisungen, sozio-kulturelle und historische Einordnung usw.

Modelinterpretationen - Zur Theorie des Dramas - Literaturverzeichnis.

Interessenten: Lehrer und Schüler aller Schulgattungen.

Edgar Neis

Wie interpretiere ich Gedichte und Kurzgeschichten?

13. Auflage, 208 Seiten

Bestell-Nr. 0530-3

Ein "Grundkurs", die Kunst der Interpretation zu erlernen und zu verstehen. Die tabellarischen Leitlinien führen den Benutzer des Buches zum Verständnis für diese Gattung der Poesie. Anhand von zahlreichen durchgeführten Interpretationen ist dieses Buch ein unentbehrliches Hilfsmittel für Schüler und Lehrer.

Eckhard Ostertag

Berufswahl - leichtgemacht

Der Fahrplan für eine systematische Berufsentscheidung
Grafiken – 112 Seiten

Bestell-Nr. 054-5

Was soll ich werden? – Welcher Beruf hat Zukunft? – Was kommt nach der Schule? – Wer hilft mir bei der Berufswahl? – Was kann ich tun, um nicht arbeitslos zu werden? – Wie bewerbe ich mich richtig? – Wie erhalte ich eine Lehrstelle? – Wie komme ich an einen Studienplatz?

Viele Fragen, Fragen, die heute oft nicht leicht zu beantworten sind. Existenzielle Fragen aber für alle jungen Menschen, die in einer Zeit des wirtschaftlichen und technologischen Umbruchs sich für einen Beruf entscheiden müssen.

Das vorliegende Buch will für alle Berufssuchende und deren Berater eine praktische Lebenshilfe geben. Es wird ein Fahrplan vorgelegt, der die vielfältigen Stationen des Berufswahlverlaufs übersichtlich und systematisch aufzeigt.

Reiner Poppe

Aufsätze im Deutschunterricht der Sekundarstufe I

Themen - Techniken - Beispiele

120 Seiten

Bestell-Nr. 0464-2

Das Aufsatzbuch ist für Schüler und Schülerinnen der Sekundarstufe I verfaßt. Es setzt Materialien und Techniken, Beispiele und vermittelnde Information ein, um den Schüler zum Verfassen eigener Texte **methodisch** anzuleiten. Die im Kapitel 4 vorgetragenen Beispiele erfassen in **kommunikativen Anwendungssituationen** die wichtigsten Textsorten:
Erzählbericht - Bericht - Beschreibung - Erörterung - (dialektischer) Besinnungsaufsatz - Interpretation. Der Schwerpunkt liegt dabei auf **alltagsrelevanten, pragmatischen Varianten** dieser Grundformen (Brief, Klappentext, Bedienungsanleitung, Sachtext, Inhaltsskizze, Leserbrief etc.)

Gliederung: Aufsatzformen nach Jahrgangsstufen geordnet/'richtlinienkonform' - Themen zum Üben - Techniken-Hilfsmittel, Beispiele (exemplarisch) - Glossar - Literaturhinweise.

Klaus Sczyrba

50 Kurzdiktate

für die 4. - 7. Klasse
mit 250 Übungsmöglichkeiten

116 Seiten + Lösungsheft

Bestell.-Nr. 0477-4

Der bekannte Autor Klaus Sczyrba bringt wieder eigene Diktate für rechtschreibschwache Schüler und Schülerinnen zum häuslichen Arbeiten.

Für die Hand des Lehrers als Kurztest-Übungen im Unterricht bestens geeignet. Der Autor hat selbst im Unterricht erfolgreich damit gearbeitet.

Klaus Sczyrba

Komm, wir schreiben!

Rechtschreibübungsheft für das 2. und 3. Schuljahr

Format: DIN A4 - 40 farbige Illustrationen
3. Auflage - 36 Seiten

Bestell-Nr. 0614-9

Freude ist der Motor zum Erfolg. Nach diesem Grundsatz will der Autor den Kindern durch die lustbetonte, sehr abwechslungsreiche Art dieses Heftes den Weg zu Rechtschreibsicherung leicht machen. In frohem Tun werden fast unauffällig fundamentale Kenntnisse der Rechtschreibung angeeignet, ohne daß die Kinder dabei den Eindruck des Übens haben.

Klaus Sczyrba

Komm, wir schreiben!

Rechtschreibübungsheft für das 3. und 4. Schuljahr

Format: DIN A4 - 60 farbige Illustrationen
2. Auflage – 60 Seiten

Bestell-Nr. 0616-5

Alle Übungen für die Kinder des 3. und 4. Schuljahres sind so angelegt, daß sie mit Freude durchgeführt werden. Sie enthalten kurzweilige Aufgaben, Reime und Rätsel. Die Richtigkeit der Lösungen kann leicht selbst überprüft werden.
Üben ist für Kinder oft freudlos und langweilig. Bei diesem Heft spüren sie aber nicht, daß "nur geübt" wird. In froher, zielstrebiger Arbeit wird fast unbewußt die Rechtschreibfertigkeit gesteigert.

Klaus Sczyrba

Lebensnahe Diktate

für die Grundschule mit angeliederten Übungsmöglichkeiten für das **2. bis 4 Schuljahr**
3. Auflage - 152 Seiten + Lösungsheft

Bestell-Nr. 0610-6

Dieses Übungsbuch ist aus der Erfahrung langjähriger Schularbeit entstanden und soll den Kindern vom 2. bis 4. Schuljahr helfen, ihre Rechtschreibleistungen zu verbessern.
Dazu werden 150 Diktate geboten, die in Ausmaß und Schwierigkeitsgrad dem Alter der Kinder entsprechen. Zur vertiefenden Behandlung aller Rechtschreibbereiche sind jedem Diktat eine Reihe Übungsmöglichkeiten beigefügt.

Klaus Sczyrba

Wege zum guten Aufsatz für das 5.-9. Schuljahr

176 Seiten

Bestell-Nr. 0472-3

Diese ganz auf die Schulpraxis bezogene Büchlein bietet Hilfen und Anregungen für das Schreiben von Nacherzählungen, Erlebnisaufsätzen, Phantasiegeschichten, Beschreibungen, Schilderungen und Berichten. Außerdem enthält es Übungen zur Grammatik, zur Rechtschreibung und Ausdrucksverbesserung.

Ein weiteres Buch von unserem Erfolgsautor Klaus Sczyrba.

Klaus Scyrba

Neue lebensnahe Diktate

mit zahlreichen Übungsmöglichkeiten für das **2. bis 10. Schuljahr**

3. Auflage - 312 Seiten

Bestell-Nr. 0611-4

Wie in den früheren Ausgaben diese Buches werden hier wieder über 200 Diktate geboten, die in Ausmaß und Schwierigkeitsgrad dem Alter des Kindes entsprechen.

Klaus Sczyrba

Lebensnahe Dikate

mit zahlreichen Übungsmöglicheiten für das **5. bis 7. Schuljahr** + Lösungsheft

3. Auflage - 240 Seiten

Bestell-Nr. 0613-0

In diesem Übungsbuch werden 150 Diktate geboten, die Kindern des 5. bis 7. Schuljahres helfen sollen, ihre Rechtschreibkenntnisse zu verbessern.
Zur vertiefenden Behandlung aller Rechtschreibbereiche ist jedem Diktat eine Reihe Übungsmöglichkeiten beigefügt.

Klaus Sczyrba

Lebensnahe Diktate

100 Diktattexte mit 600 Lösungsmöglichkeiten für das **8. bis 10. Schuljahr**

3. Auflage
210 Seiten + Lösungsheft

Bestell-Nr. 0471-5

Das Buch will mit seinen Diktaten und Übungen zum richtigen Gebrauch unserer Sprache beitragen. Die Diktate sind nicht nur nach Rechtschreibschwierigkeiten oder zur Anwendung einer Regel konstruiert, sondern sind auf die Bedürfnisse von Zeit und Umwelt abgestimmt.
Übungsmöglichkeiten mit Lösungen machen dieses Buch für häusliches Arbeiten und für den Unterrichtsgebrauch gleichermaßen unentbehrlich.

Klaus Sczyrba

Lebensnahe Diktate

mit zahlreichen Übungsmöglichkeiten für das **5. bis 10. Schuljahr**

3. Auflage - 432 Seiten + Lösungsheft

Bestell-Nr. 0612-2

Auch dieses Übungsbuch soll den Kindern vom 5. bis 10. Schuljahr helfen, ihre Rechtschreibleistungen zu verbessern.
Die hier angebotenen 250 Diktate sind in Ausmaß und Schwierigkeitsgrad dem Alter entsprechend ausgewählt worden. Jedem Diktat ist eine Reihe Übungsmöglichkeiten beigefügt, ebenso wurde der entsprechende Wortschatz eingebracht.
Tabellen der Rechtschreibschwierigkeiten in den einzelnen Schuljahren runden diese Übungsbuch ab.

Klaus Sczyrba

Lebensnahe Grammatik für die Grundschule

für das 2. bis 4. Schuljahr

140 Seiten

Bestell-Nr. 0673-4

Die alltäglichen Begebenheiten zweier Kinder sind lebendige Einstiege in alle Bereiche der Grundschulgrammatik. In übersichtlicher Weise werden alle notwendigen Kenntnisse zur Beherrschung unserer Sprache kindgemäß vermittelt, die in den angegliederten Übungen angewandt werden können. So ist dieses Büchlein sehr hilfreich für den Unterricht in der Schule und die häusliche Einzelarbeit.

Klaus Sczyrba

Lebensnahe Sprachlehre in der Grundschule

50 Unterrichtsentwürfe für die Einführung aller wesentlichen Gebiete.

112 Seiten, Illustrationen

Bestell-Nr. 0615-7

Neubearbeitete 2. Auflage

Diese Unterrichtsentwürfe haben sich als eine vielbegehrte Hilfe erwiesen und ermöglichen, daß der sonst so trockene Stoff der Sprachlehre lebensnah, auf lustbetonte Weise eingeführt wird.
Jeder Entwurf ist eine Unterrichtseinheit, die sich über einen längeren Zeitraum erstreckt.

Klaus Sczyrba

Lebensnahe Grammatik für die Sekundarstufe I

5.-10 Klasse
Mit 100 Übungen + Lösungsheft

2. Auflage – 128 Seiten

Bestell-Nr. 0474-X

Wesentliche Ursache für die Fehlerhäufigkeit in der Rechtschreibung ist in der mangelnden grammatischen Erkenntnis zu suchen.
Das Buch will hier Abhilfe schaffen. In übersichtlicher Anordnung bietet es in den für das Leben wichtigen Bereichen der Grammatik viele Beispiele und Übungsmöglichkeiten.

Klaus Sczyrba

Rechtschreib-Olympiade

Übungen mit Lösungen für die 5.-7. Klasse

136 Seiten + Lösungsheft

Bestell-Nr. 0475-8

Unser Erfolgautor Klaus Sczyrba bringt mit diesem Band ein lebensnahes Rechtschreibbuch auf den Markt, welches durch seinen Wettbewerbcharakter sicher. viele Übende ansprechen wird.
Kurze Übungstexte zu den Schwierigkeiten der deutschen Sprache werden allen Benutzern Hilfe geben und einprägsam zukünftige Fehler vermeiden helfen.

Englisch

Peter Luther/Jürgen Meyer

Englische Diktatstoffe

Unter- und Mittelstufe Sekundarstufe I)

64 Seiten

Bestell.-Nr. 0647-5

Beginnend mit einfachsten Texten und Erklärungen wird hier der Benutzer der Bücher mit der englischen Grammatik, Wortlehre und Rechtschreibung vertraut gemacht. Die Texte geben Hinweise auf die Vorbereitung zur Nacherzählung und sind gestaffelt nach Schwierigkeiten und Themengruppen. Worterklärungen und Übungen zur Selbstkontrolle runden den Band ab.

Jürgen Meyer/Gisela Schulz

Englische Synonyme als Fehlerquellen

Übungssätze mit Lösungen
116 Seiten
Bestell.-Nr. 0596-7

Dieses Übungsbuch will helfen, die im Bereich der Synonyme immer wieder auftretenden Fehler zu vermeiden. Die Aufstellung ruht auf Beobachtungen, die die Verfasser im Unterricht gemacht haben und erhebt keinen Anspruch auf Vollständigkeit. Dier Übungssätze wurden so formuliert, daß die wichtigen Bedeutungsnuancen so klar wie möglich hervortreten. Die zur Kontrolle beigefügten Lösungen geben an, ob und wo Fehler gemacht worden sind.

Jürgen Meyer

Übungstexte zur englischen Grammatik

9. – 13. Klasse

2. Auflage - 96 Seiten

Bestell.-Nr. 0567-3

Der Band enthält Übungsmaterial zu aktuellen Fragen, u.a. Sachtexte zu Personen, wissenschaftliche Entdekkungen und zeitgeschichtlichen Ereignissen, die über das heutige Großbritannien und die USA informieren. Die Texte sind mit ausführlichen Hinweisen zu den Vokabeln sowie Übungen zur Syntax und zum Wortschatz versehen. Diskusssionsvorschläge und ein sorgfältig aufbereiteter Schlüssel bieten zusätzliche Unterrichtshilfen. Das Buch ist sowohl für Gruppenarbeit als auch für das Selbststudium geeignet.

Jürgen Meyer

Deutsch-englische/ englisch-deutsche Übersetzungsübungen

9.–13. Klasse

2. Auflage - 104 Seiten

Bestell.-Nr. 0594-0

Texte für Fortgeschrittene, die ihre Kenntnisse in Wortanwendung und Grammatik erweitern und überprüfen wollen.
Zu den zeitgemäßen deutschen Texten wurden die Vokabeln und deren Anwendungsmöglichkeiten gegeben und erklärt.
Am Schluß des Bandes die englischen Texte zur Kontrolle.
Breit einsetzbar in den Sekundarstufen, Grund- und Leistungskursen.

Edgar Neis

Wie schreibe ich gute englische Nacherzählungen?

7. Auflage - 84 Seiten

Bestell-Nr. 0526-6

Langjährige, im gymnasialen Englischunterricht auf der Mittel- und Oberstufe, sowie bei zahlreichen Abiturprüfungen gewonnene Erfahrungen haben zur Herausgabe dieses Buches geführt. Texterfassung und -darstellung, Wortschatzerweiterung, Regeln der Stillehre, Erzählstil, idiomatische Redewendungen, Homophone, unregelmäßige Verben, Comment u.v.a.
Musterbeispiele als Vorlagen für Lernende.

Jürgen Meyer/Ulrich Stau

Englisch 5./6. Klasse

Übungen mit Lösungen

96 Seiten - Viele Zeichnungen

Bestell.-Nr. 0687-4

Der gesammte Stoff Englisch der 5. und 6. Klasse wird in diesem Nachhilfebuch wiederholt. Die Benutzer können anhand von Übungen ihr Wissen testen und im Lösungsteil nachschlagen.

Der Stoff wurde den einschlägigen Lehrwerken an den Schulen der verschiedenen Bundesländer angeglichen um eine Benutzung nicht von den verschiedenen Kriterien der Bundesländer abhängig zu machen.

Den Schülerinnen und Schülern wird hier echte 'Lernhilfe' geboten!

John A. S. Phillips

Englisch für Frustrierte

Ratgeber für Muß-Studenten und Schüler der englischen Sprache

116 Seiten – Illustriert

Bestell-Nr. 0478-2

Dieses Buch ist für Leute geschrieben, denen vielleicht doch noch zu helfen ist, ihre verlorengegangene Freude an der englischen Sprache zurückzugewinnen. John A. S. Phillips, Lektor für Englisch an der Universität Bayreuth, Verfasser mehrerer humorvoller und skurriler Bücher, hat kein Lehrbuch im üblichen Sinne geschrieben. Es ist aber auch kein Amüsierbuch allein; dazu ist es dem Verfasser mit den Menschen, die seine Sprache lernen wollen, viel zu ernst.
Der Leser lernt viel, ohne belehrt zu werden. Was er bietet, will und kann kein systematisches Lehrbuch ersetzen, wohl aber „background" schaffen, bei Kennern der Sprache manches Tüpfelchen auf das „i" setzen und, wie erwähnt (– so auch der Titel –), Frustrierte wieder mobilisieren.
Enjoy it ...

Französich

Klaus Bahners

Französischunterricht in der Sekundarstufe II

(Kollegstufe)

Texte - Analysen - Methoden

104 Seiten

Bestell-Nr. 0565-7

Dieses Buch wendet sich an alle, die jetzt oder künftig auf der neugestalteten Oberstufe (Sekundarstufe II) Französischunterricht erteilen; vor allem an jüngere Kollegen und Referendare, aber auch an Studenten, die sich auf den Übergang vom wissenschaftlichen Studium zur pädagogischen Umsetzung vorbereiten wollen.

Werner Reinhard

Französische Diktatstoffe Unter- und Mittelstufe

1./2. Unterrichtsjahr, sowie 3./4. Unterrichtsjahr

3. Auflage - 96 Seiten

Bestell-Nr. 0532-0

Die nach dem Schwierigkeitsgrad geordneten Texte sind überwiegend Erzählungen und Berichte von Begebenheiten des täglichen Lebens, wobei unbekannte Vokabeln beigegeben sind. Mit den Texten lernt der Schüler die gehobene Umgangssprache, d.h. Vokabular und Wendungen, die er später für eigene Textproduktionen verwenden kann. Den Texten vorangestellt sind Bemerkungen zur Rechtschreibung, die nützliche Rechtschreibregeln enthalten.

Paul Kämpchen

Französische Texte zur Vorbereitung auf die Reifeprüfung

80 Seiten

Bestell-Nr. 0522-3

Übungen für Grammatik, des Stils und eine der Prüfungsarten - die Nacherzählung - sollen hier dem Anwärter zur Prüfung nahegebracht werden. Kurze und lange Nacherzählungstexte mit Worterklärungen stehen hier als Übungstexte zur Verfügung.
Der Schüler oder Student kann anhand dieser Kurzgeschichten seine sprachliche Beweglichkeit unter Beweis stellen. Kleine und leichte Stücke, die sich nur für Anfänger und wenig Fortgeschrittene eignen, wurden weggelassen.

Werner Reinhard

Übungstexte zur französischen Grammatik

9. - 13. Klasse

2. Auflage - 128 Seiten

Bestell-Nr. 0543-6

"Übungstexte zur französischen Grammatik" wendet sich an Lernende, die bereits einige grammatische Kenntnisse haben, sie jedoch festigen und vertiefen wollen. Es eignet sich aufgrund umfangreicher Vokabelangaben, sowie des ausführlichen Lösungsteils, zum Selbststudium und vermag bei Schülern ab Klasse 9 Nachhilfeunterricht zu ersetzen.
Die textbezogenen Aufgaben berücksichtigen insgesamt die wichtigsten grammatischen Gebiete, ein Register ermöglicht auch systematisches Vorgehen.

Alfred Möslein/
Monique Sickermann-Bernard

Textes d'étude

64 Seiten

Bestell-Nr. 0523-1

25 erzählende Texte aus der neueren französischen Literatur als Vorlagen für Nacherzählungen und Textaufgaben.
Durch unterschiedliche Längen und Schwierigkeitsgrade, sowie durch breitgefächerte Thematik eignen sich diese Texte als Lektüre und Ausgangspunkt für Diskussionen im Unterricht. In den "Suggestions" findet man einige Anregungen für Übungen, die sich an die reine Textbehandlung anschließen können. Die Worterklärungen sollen das Verständnis der Texte erleichtern.

Christine und Gert Sautermeister

Der sichere Weg zur guten französischen Nacherzählung

-Zur Methodik des Hörens und Schreibens im Französischunterricht-

118 Seiten

Bestell-Nr. 0534-7

Der erste Teil des Buches will auf die Bedingungen richtigen Hörens aufmerksam machen und Wege zum besseren Hören skizzieren. Der zweite Teil gibt Anregungen, die Grundrisse des Textes, der Gelenkstellen, Höhepunkte, Pointen nochmals zu vergegenwärtigen.
Spezifische Formulierungsprobleme der Nacherzählung entfaltet der dritte Teil.

Werner Reinhard

Kurze moderne Übungstexte zur französischen Präposition

120 Seiten

Bestell-Nr. 0568-1

In einem lexikalischen Teil gibt das Übungsbuch zunächst einen Überblick über die Anwendung der wichtigsten Präpositionen. Auch die Prägositonen als Bindeglied zwischen Verb und Objekt bzw. Infinitiv (vor allem à und de) wird berücksichtigt. Listen erleichtern dabei systematisches Lernen.
Im anschließenden Übungsteil kann der Benutzer seine Kenntnisse überprüfen. Vorherrschende Methode ist die Einsatzübung. Mit dem Lösungsteil eignet sich das Buch gut zum Selbststudium. Einsetzbar für den Unterricht in den Sekundarstufen.

Gemeinschaftskunde

Peter Beyersdorf

Die Bundesrepublik Deutschland

Arbeitsheft zur Sozial- und Gesellschaftskunde

Band 1:
Strukturen und Institutionen
mit Text des Grundgesetzes
124 Seiten
Bestell-Nr. 0507-X

Band 2:
Parteien und Verbände
84 Seiten
Bestell-Nr. 0508-8

Band 3:
Außenpolitische Entwicklung
72 Seiten
Bestell-Nr. 0509-6

Diese Reihe wurde vor allem für den Bereich der politischen Pädagogik geplant: für Lehrer und Schüler also in erster Linie. Das gilt für Gymnasien und höhere Schulen insgesamt, für Berufsschulen und nicht zuletzt für den großen Bereich der Erwachsenenbildung in den Volkshochschulen.
Jedes Heft enthält neben dem Textteil einen Dokumentenanhang und ein Literaturverzeichnis, darin wird auf spezielle, einzelne Themen vertiefende Bücher hingewiesen.
Mit Hilfe dieser "Arbeitshefte" wird es dem Benutzer möglich, die grundsätzlichen politischen Zusammenhänge unseres Gemeinwesens und die Struktur der internationalen Politik zu erkennen. Dazu werden nicht nur Daten und Fakten geboten, sondern zugleich auch deren Erklärung und Interpretation. Stand 1970!

Geschichte

Peter Beyersdorf

Geschichts-Gerüst

von den Anfängen bis zur Gegenwart

4 Teile in einem Band

228 Seiten

Bestell-Nr. 0551-7

Der Primaner, der das „Skelett" dieses „Gerüstes" beherrscht, sollte allen Prüfungsanforderungen gewachsen sein!

Das vorliegende Werk will kein Ersatz für bereits bewährte Bücher ähnlicher Art sein, sondern einem **Auswahlprinzip** huldigen, das **speziell auf Gymnasien,** kurz **alle weiterführenden Schulen zugeschnitten** ist. Daher erklärt sich die drucktechnische Hervorhebung des besonders Wesentlichen (Fettdruck).
Teil I: Von der Antike bis zum Beginn der Völkerwanderung (ca. 3000 v. Chr. bis 375 n. Chr.)
Teil II: Von der Völkerwanderung bis zum Ende des Mittelalters (375 – 1268)
Teil III: Vom Übergang zur Neuzeit bis zum Ende des 1. Weltkrieges (1268 – 1918)
Teil IV: Vom Beginn der Weimarer Republik bis zur Gegenwart (1918 – 1987)

Latein

Reinhold Anton

Die Stammformen und Bedeutungen der lateinischen unregelmäßigen Verben

Anleitung zur Konjugation von etwa 1600 einfachen und zusammengesetzten unregelmäßigen Verben.

5. verbess. Auflage - 40 Seiten kart.

Bestell-Nr. 0500-2

Oswald Woyte

Latein-Gerüst

Der gesamte Stoff bis zur Sekundarstufe II (Kollegstufe) in übersichtlicher Anordnung und leichtverständlicher Darstellung mit Übungstexten, Übungsaufgaben und Schlüssel.

Teil 1: **Formenlehre**
116 Seiten
Bestell-Nr. 0552-5

Teil 2: **Übungsaufgaben und Schlüssel zur Formenlehre**
144 Seiten
Bestell-Nr. 0553-3

Teil 3: **Satzlehre**
104 Seiten
Bestell-Nr. 0554-1

Teil 3: **Übungsaufgaben und Schlüssel zur Satzlehre**
72 Seiten
Bestell-Nr. 0555-X

jeweils 2. Auflage

Die vier Bände ersparen den Lernenden die Nachhilfestunden und bieten ein unentbehrliches Übungs- und Nachschlagewerk bis zur Reifeprüfung.
Der Autor hat aus seiner Praxis als Oberstudiendirektor die Schwierigkeiten der lateinischen Sprache für den häuslichen Übungsbereich aufbereitet und leicht faßbar erläutert. Lernanweisungen sollen das Einprägen erleichtern.

Friedrich Nikol

Latein 1

Übungen mit Lösungen für das erste Lateinjahr in zwei Bänden.

Band 1/**Erstes Halbjahr**
mit Lösungsteil
Bestell-Nr. 0634-3

Band 2/**Zweites Halbjahr**
mit Lösungsteil
Bestell-Nr. 0635-1

In beiden Teilbänden wird der gesamte Stoff des ersten Lateinjahres behandelt.

Latein 2 (2. Lateinjahr)

Bestell-Nr. 0638-6

Der lateinische Wortschatz ist in den Büchern genau angegeben und den verschiedenen lateinischen Unterrichtswerken angepaßt, die in den einzelnen Bundesländern zugelassen und eingeführt sind.
Bei gründlicher häuslicher Nachhilfe mit den Büchern wird der Übende immer mehr Freude an Latein bekommen und bald wird sich auch der Erfolg bei den Leistungen in der Schule zeigen.

Suchen Sie wortgetreue Übersetzungen und Präparationen zu Ihren Schullektüren römischer und griechischer Klassiker?
Sie finden in der **„Kleinen Übersetzungsbibliothek"** in 500 Bänden im Kleinformat wörtliche deutsche Übersetzungen.
Fordern Sie das ausführliche Verzeichnis an.

Mathematik

Bernd Hofmann

Algebra 1

Mathematikhilfe für die 7./8. Jahrgangsstufe weiterführender Schulen

216 Seiten

Bestell-Nr. 0580-0

Friedrich Nikol
Lothar Deutschmann

Algebra 2

Übungs- und Wiederholungsbuch für die 9. und 10. Jahrgangstufe

168 Seiten - Viele Abbildungen

Bestell-Nr. 0645-9

Helmut Kürzdörfer

Geometrie 1

Mathematikhilfe für die 7./8. Jahrgangsstufe weiterführender Schulen

232 Seiten

Bestell-Nr. 0581-9

Diese Bücher sind im wesentlichen auf den Lehrstoff des 7. bis 10. Schuljahres abgestimmt. **Sie gliedern sich in Kontroll-, Übungs- und Lösungsteil.** Ausgerichtet sind sie als unterrichtsbegleitende Werke auf Schüler und die ihnen hilfreich zur Seite stehenden Eltern.
Nützlich sind sie aber auch wegen des großen und vielseitigen Angebots an Übungsaufgaben (mit vollständigen Lösungswegen) **für Lehrer.** Von ähnlichen Unterrichtshilfen heben sie sich durch die kurze, übersichtliche und verständliche Darstellung sowie durch gute Überprüfbarkeit der Kenntnisse ab. (Besprechung der Bibliothekszentrale, Reutlingen).

Lothar Deutschmann

Mathematik

Wegweiser zur Abschlußprüfung
Mathematik I, II und III an Realschulen

Anhang: Reifeprüfungsaufgaben mit Lösungen 1980/1981/1982/1983

168 Seiten + 121 Abb.

Bestell-Nr. 0644-0

Ein erfahrener Pädagoge erteilt Nachhilfeunterricht in Mathematik.

In anschaulicher Weise werden den Benutzern Aufgaben aus der Mathematik an Realschulen vorgeführt, erklärt und mit Lösungsweg und Lösungen beschrieben.

Ruth Kirchmann

Zielscheibe Mathematik

Wenn Schüler vor Mathematik zurückschrecken, liegt es häufig an den Lücken, die irgendwann entstanden sind und das Verständnis des ganzen folgenden Unterrichtsstoffes blockieren.
In diesen Nachhilfebüchern, die auch zum Nachlernen für zu Hause geeignet sind, finden sich Schüler schnell zurecht.

Dezimalzahlen

78 Seiten - viele Abbildungen
+ 8 Seiten Lösungsheft

Bestell-Nr. 0671-8

Johannes Lorenz

Mathematik-Gerüst – Unterbau

6. Auflage - 84 Seiten

Bestell-Nr. 0558-4

Sammlung von Formeln und Sätzen mit zahlreichen Musteraufgaben und vielen Figuren.

Inhalt: Zahlenrechnen - Algebra - Gleichungen - Logarithmen - Geometrie - Stereometrie - Trigonometrie.
Dieser Band richtet sich an den Lernenden, der in kurzer Form seine Kenntnisse wieder auffrischen möchte und anhand von Musteraufgaben Lösungswege rekonstruieren will.

Bis Sekundarstufe I.